LES

RIDICULES DU TEMPS

J. BARBEY D'AUREVILLY

Les Ridicules du Temps

Et se moquer du monde est tout l'art d'en jouir.
(GRESSET.)

PARIS
ÉD. ROUVEYRE ET G. BLOND
ÉDITEURS
98, rue de Richelieu, 98

1883

PRÉFACE

DES *RIDICULES DU TEMPS*

———

Ils ne sont pas tous dans ce livre... Mais pourtant en voici quelques-uns, pris à la surface très plate d'une société qui n'a plus guère de profond que ses vices. Ah! si c'étaient les vices et non les ridicules du temps que ce livre! il aurait plus de profondeur... Seulement, pour les montrer, ces vices, il faudrait les décrire, et la tartufferie d'une époque qui a inventé l'art compliqué de joindre l'hypocrisie des sociétés réglées au cynisme de ses propres dérèglements, flétrirait une telle œuvre pour peu qu'elle fût vraie, et qui sait? la poursuivrait peut-être devant ses adorables tribunaux, comme immorale et comme dangereuse... En attendant que le courage lui vienne de l'écrire, — s'il lui vient jamais, —l'auteur des *Ridicules du Temps*, qui s'ennuie comme tout le monde dans cette époque d'ennui, où l'on en meurt, s'est demandé s'il y avait moyen de faire encore un livre gai, et il a planté là l'idée d'un livre triste, ne voulant qu'écumer, d'une main et d'une cuiller légères, sur les bords du pot au lait empoisonné des vices contemporains, les ridicules qui en sont la mousse et la crème. C'est un essai. Mais sera-t-il gai, même à ce prix?...

Voilà toute la question. La Comédie qui n'est plus possible au théâtre, où elle est cependant *sur ses terres*, mais où l'on ne va que pour y chercher des spectacles pour les yeux, car pour l'esprit il n'y en a plus, la Comédie pourrait-elle se retrouver dans le petit coin d'un livre où elle se serait réfugiée?... On le voudrait, mais on en doute... On ne peut pas être gai bien longtemps, dans une société comme celle que les révolutions de notre décrépitude nous ont faite. A chaque instant, la plaisanterie, la bienheureuse plaisanterie qui venge de tout, pousse en nous. Mais, la colère contre ce qui se voit la coupe. Elle y met trop de flamme indignée, ou le mépris l'éteint... et, mépris ou colère, le livre est manqué, du moins dans sa gaîté voulue...

Et il peut l'être encore autrement... Les Ridicules de ce temps ont, *par eux-mêmes*, moins de gaîté et de variété que du temps de nos pères, et cela tient à l'état présent d'une race appauvrie... Si, malgré les civilisations, ces walses sur place des nations qui n'aboutissent qu'à tourner les têtes, les Vices sont éternels comme l'Humanité, les Ridicules, eux, sont éphémères et changeants comme les Sociétés sur lesquelles, drôles de fleurs, ils fleurissent. Seulement, où qu'ils soient, ils ne sont jamais que l'impertinente transgression d'une convenance sociale ou d'une convention reconnue, ayant force de coutume ou de loi. Évidemment, on n'est pas ridicule de la même manière à Pékin qu'à Londres ou à Paris, mais partout, pour que les ridicules soient la chose amusante qu'ils peuvent être, il faut que les prétentions et les vanités individuelles aient beaucoup de convenances et de conventions à violer. Et voilà pourquoi ils sont plus visibles, plus nombreux, de plus de relief et de variété, dans les sociétés fortement hiérarchisées que dans celles-là, par exemple, où, comme dans la nôtre, le terrain appartenant à tous, les empiétements si comiques d'une classe sur une classe n'existent plus... Cette source de gaîté doit même, dans un temps donné, — si nous allons jusque-là, — nécessairement tarir chez un peuple qui a placé l'égalité au sommet de sa législation, pour qu'elle puisse de là dégringoler, un jour, dans les mœurs. Dégringolement difficile, du reste ! Tout le temps qu'il n'aura pas eu lieu, il restera une chance de rire aux moralistes que l'observation n'aura pas rendus misanthropes. A cette heure, le ridicule, qui doit mourir sous l'aplatissement universel des mœurs modernes, n'est pas tout à fait tué et ce livre est lisible encore...

Mais, chose à constater, pour ne pas être dupe et se rendre compte d'un insuccès qu'on peut prévoir, c'est que les ridicules signalés dans le livre que voici paraîtront peut-être, je le crains, aux esprits mobiles et blasés qui ont besoin qu'on les change de plaisirs, être affligés de monotonie, sans qu'il y ait pourtant de la faute de l'auteur. A cela près, en effet, d'un petit nombre de chapitres comme *l'Abbé Sosie*, *les Marchands de rubans*, *Madame de Maquerelas-Major*, *les Petits Ventres*, *l'Ère des Servantes*, etc., etc., les ridicules de la présente exhibition sont presque tous des ridicules littéraires. Ils se ressemblent affreusement tous par ce côté. On dirait qu'il n'y en a qu'un... Quoi d'étonnant? Dans un pays sans titres, sans distinctions, où chacun veut être l'égal de tout le monde et où l'on ne se targue que de sa valeur personnelle, il n'y a plus guère qu'une prétention et qu'une vanité, et c'est la prétention et la vanité du talent littéraire, — que la société ne fait pas et qu'elle croit faire, la pauvre bête! Hélas! elle ne fait tout au plus, avec ses éducations insensées, que de développer les médiocrités jusqu'à la plus splendide sottise. Allez! ce n'est pas seulement les femmes, c'est le siècle tout entier qui est bas-bleu... Encore une fois, ce n'est pas la faute de l'auteur des *Ridicules du Temps* s'il n'a à vous offrir que ceux de son siècle. Siècle pédant, dont la dernière invention a été *l'Instruction gratuite et obligatoire*. Siècle cuistre, et qui voudrait *encuistrailler*, comme lui, toute l'humanité!

J. B. D'A.

LA COMÉDIE DE LA CRITIQUE

Jeudi, 21 *février* 1867.

I

Un chroniqueur démissionnaire, mais heureux, nous annonçait l'autre jour, à cette place, que définitivement « la Critique était morte », et dansait même une danse assez peu respectueuse sur le cadavre de la pauvre diablesse... Il disait là, mais au passé, ce pirouettant et macabresque Chroniqueur, ce que nous avions déjà dit, nous, au futur. Il confirmait, juste *à un an de distance,* ce que nous avions prophétisé sur le peu de durée de la Chronique, de cette pouilleuse de petits faits, dans une littérature qui semblait atteinte de la maladie pédiculaire. Rongés donc par cette vermine de commérages et de cancans qui les a dévorés, les Chroniqueurs crèvent présentement comme Antiochus et comme Sylla, — rien n'est plus drôle, — et à l'exception de MM. Henri Rochefort et Aurélien Scholl, seuls, encore très vivants, ils râlent tous agréablement, — nous appreud M. Jules Vallès, qui, lui, s'est sauvé en Auvergne pour échapper à la mortalité générale et de là secoue ses oreilles... sur les oreilles de ses confrères. Certes, nous n'avons pas mis le pistolet sur la gorge pour le faire dire à M. Jules Vallès, mais, ma foi, nous ne sommes pas fâchés d'apprendre cela! Nous ne sommes pas fâchés de savoir par l'un d'eux, — l'un des bons, — revenu et recru de ses courses, que les Chroniqueurs, ces lièvres qui ont tant couru après la nouvelle et le mot, sont maintenant vidés... comme des lièvres! que les voilà à bout d'haleine, de ressources, de vieux mots refaits et retapés, de Bachaumont, d'*anas* et de tout, et que, pour parler leur délicieux langage, ils en sont, *pour de bon*, à leur *mot de la fin!* Seulement, une question et une question intéressante! Quel profit va faire cela à la littérature?... Quel changement allons-nous voir se produire dans les habitudes déjà dépravées que ces messieurs ont données au public?... Qui prendra, avec ou sans bénéfice d'inventaire, la succession ouverte de la Chronique trépassée?... Sera-ce la Critique? La Critique d'idées, mise à bas et chassée par les petits faits et par les anecdotes, — cette révolte de gamins! — qui viendrait reprendre, parmi nous, le rang qu'elle n'eût dû jamais perdre ?...

Eh bien, pour mon compte, je ne le crois pas. Dieu sait si je le voudrais! mais je ne le crois pas. A mes yeux la Critique, en France, est aussi morte que la Chronique elle-même, et il y a bien plus longtemps. Des comptes rendus de livres ou de théâtre, comme on en fait encore, ne prouvent rien. Ils ne sont pas forcément de la Critique, de ce qu'ils sont des comptes rendus. Le genre n'est rien ici, ni même le talent, mais l'inspiration seule est tout. La Critique tient à un ensemble de mœurs littéraires qui a malheureusement cessé d'exister. Aussi, en fait de critique, n'en avons-nous plus guère que la comédie, — une farce aristophanesque dont l'éternelle race des badauds peut toujours être dupe, mais qui dégoûte profondément tous ceux qui ont vécu dans les coulisses de la littérature et qui savent comment cela peut se jouer !

II

J'ai dit le grand mot : des mœurs littéraires. De tous les genres de mœurs, celui peut-être qui nous manque le plus. Nous ne sommes pas bien forts en d'autres mœurs, je le sais bien. Nous n'en avons des immensités d'aucune manière. Mais littérairement, il faut bien le dire, nous n'en avons pas.

Si, en politique ou en religion par exemple, nos mœurs ne sont pas bien profondes, au moins nous avons des partis-pris, des sympathies, des animosités. L'âme humaine, si percluse qu'elle soit devenue sous le contact de torpille d'un doute universel, a en elle, cependant, des tronçons de passion qui se tordent ou se remuent encore, quand il s'agit de ces deux grands intérêts sensibles, dont l'un étreint le présent et l'autre veut embrasser l'immortalité de l'avenir. Mais pour les choses exclusivement spirituelles, l'âme humaine, comme *désintellectualisée*, semble avoir perdu toutes ses énergies d'autrefois. Ce n'est pas à présent, allez ! qu'on verrait des masses entières d'esprits se passionner purement et simplement pour des œuvres d'art et de littérature, sans préconception d'autre chose que de leur forme même, sans préoccupation d'autre chose que du talent qui y brillerait..., ou qui n'y brillerait pas. Il n'y a plus maintenant de *gluckistes* ou de *piccinistes*, qui s'assomment en sortant de l'Opéra pour des harmonies et des mélodies, et vous pourriez, je crois, passer en revue tous les régiments de dragons de l'armée française, que vous n'y trouveriez probablement pas un officier qui, comme Stendhal, fût tout prêt à mettre l'épée à la main à cause de la phrase de Chateaubriand sur la *cime indéterminée des forêts.* Que si, aujourd'hui, on bataillotte dans les journaux à propos de la statue de Voltaire, ce n'est pas qu'il y soit question du génie de cet écrivain ou du mérite littéraire de ses œuvres, mais de ceci uniquement qui n'est ni esthétique, ni littéraire : comptons-nous ! Comptons ceux qui tiennent pour l'*infâme,* ou ceux qui sont pour le galant homme qui a trouvé un si juste nom ! L'indifférence en littérature est donc plus grande à cette heure que l'indifférence en matière de religion du temps de Lamennais. Non pas que les livres ne parlent à la vanité de ceux qui les font et à la curiosité de ceux qui les lisent ; non pas que cette vanité ne veuille le succès plus âprement que le talent lui-même, qui est déjà payé de sa peine en faisant bien, et qui peut attendre son jour dans la tranquillité de la certitude ; mais l'amour (fût-il enragé) du succès littéraire n'est nullement l'amour de la littérature, et c'est ce qu'il faut distinguer. Or, dans un pareil milieu d'indifférence, il est impossible que la Critique, qui se sent moins écoutée, soit aussi attentive à des défauts ou à des beautés qui intéressent médiocrement les imaginations, emportées d'un autre côté, moins spirituel et moins idéal. Il est impossible qu'elle soit autre chose — quand elle existe par hasard — que la fantaisie exceptionnelle et hautaine d'un esprit solitaire et assez fortement trempé pour vouloir imposer à la foule ses admirations ou ses mépris.

Mais, aussi, c'est alors que le plus souvent circonscrite, entourée par les faux talents, les vanités et les industries de métier pour des raisons plus ou moins égoïstes et plus ou moins basses, la Critique, du moins celle qu'on appelle encore de ce nom, sans amour, sans principes, sans conviction vigoureuse, ne résiste pas... et se laisse aller à ces complaisances de Philinte, qui ont fait bien pis que de remplacer la sévère loyauté d'Alceste, car elles l'ont rendue presque ridicule... Alors, de Critique qu'elle était, la Critique tombe à n'être plus qu'une publicité. Elle change son flambeau en trompette, — une trompette à fanfares, toujours prête à sonner pour tous ceux qui ont pris le soin de se mettre bien avec elle. Et qui ne cherche pas à se mettre bien avec elle, dans ce temps-ci?... Quel est l'homme qui, comme cet animal farouche et incompréhensible de Stendhal, cet excentrique dont j'ai vu rire, lance son livre un matin et quitte Paris le soir, pour n'avoir pas à faire à la Critique les salamalecs obligés? Qui a maintenant de pareilles excentricités et commet de ces maladresses?... Puisque nous parlons de comédie, quand M. Cousin qui vient, lui, de passer par la petite comédie des oraisons funèbres, quand M. Cousin, de récente mémoire, mais qui sera de prompt oubli, nous disait un jour, du haut de sa chaire, avec ses gestes de moulin à vent et ce large bec d'engoulevent qu'il avait, et qui n'a pas engoulé que du vent avec ses soixante mille livres de rente, ce bec de philosophe : « Messieurs, rien n'est facile que d'être célèbre. Vous priez trois ou quatre de vos amis de vous faire une célébrité, et ils vous la font. » Il disait là, d'un mot, le secret de la comédie de la Critique. Il s'y connaissait, le vieux malin... mais il était indiscret. Sa nature était d'être indiscret et sonore. Ah! les trois ou quatre amis de M. Cousin! Qui ne les a pas, voyons! dans le journalisme contemporain, devenu à peu près toute la littérature, et qui peut d'autant mieux se les faire, quand on ne les a pas, que tout homme littéraire étant, dans ce temps, plus ou moins journaliste, il peut un jour rendre très bien à son tour les services qu'il demande, et au même prix! C'est ainsi que tacitement, ou même expressément, un traité de libre-échange est signé entre les francs-maçons du succès, et que l'opinion publique est pipée par ceux qui devraient l'éclairer! Corruption générale, facile, amicale, naïve, dont personne n'a l'air de se douter (la gangrène ne fait pas de mal) et dont tout le monde est si profondément atteint que cela semble la vie naturelle, et qu'on va probablement se moquer de mon bégueulisme, parce que je me permets aujourd'hui de soulever ce grand mot de corruption, long comme une perche, contre une des plus charmantes choses qu'il y ait entre journalistes, l'amabilité des relations et ce qu'on appelle avec tant de franchise : une bonne confraternité !

III

Du reste, pour les amateurs de comique, les détails de celui-ci sont vraiment jolis et d'une variété!! Je ne parle pas des gros moyens de séduction, des coups de catapultes qui enfoncent tout, les consciences les plus cuirassées, les plus blindées, les mieux crénelées. Je ne parle pas des statuettes, des tableautins, des reliures fines, et jusqu'à des paquets de cigarettes offerts à la Critique par l'Art en souffrance ou par la Littérature en inquiétude. Tout le monde n'est pas Artaxercès pour pouvoir en faire les présents... ou Artaxercine. Je parle des petits et gentils moyens à la portée de tous. Je parle des coquetteries immatérielles, des séductions par le fait seul de l'esprit, des gracieusetés conspiratrices, des dédicaces en taille-douce de flatterie, et des lettres, oh! des lettres combinées pour être irrésistibles. La lettre, d'un si grand emploi en amour, si dangereuse pour les jeunes filles, est d'un emploi non moins fréquent et non moins dangereux pour la Critique, malgré la fermeté de tête présumée de cette sévère demoiselle. Ce qu'un critique, dans une année, reçoit de lettres, est prodigieux! Les femmes surtout, *bas-bleus*, bottines bleues, chaussettes bleues, toutes les catégories de *bleuisme*, qui sont fort nombreuses, qui se croient toutes des entrelacs d'amour dans le style, comptent beaucoup sur l'effet des lettres, et elles les multiplient. Elles écrivent pendant que vous les lisez. Elles écrivent quand vous les avez lus, et elles écrivent encore, infatigables, persistantes, obstinées, comme l'abeille qui voudrait pomper tout le suc d'une fleur et qui finirait par en percer le calice, quand vous les avez lus, ces malheureux livres et que vous vous taisez... ce silence, qui est une bonté! Quelquefois, elles font mieux ou plus que d'écrire : les voilà, tous volants aux vents, qui, un matin, montent chez vous, comme des hommes — et, de fait, dès qu'une femme a passé la chausse bleue, ce n'est plus une femme, c'est un garçon... qui n'est pas réussi, et elle peut aller voir son critique, tout comme un garçon! et lui passer impunément à travers le cœur ce regard langoureux qui n'y doit pas rester! et lui retourner, en le féminisant, le fameux vers de Marius au Cimbre :

Oseras-tu, barbare, égorger Marius?
Oseras-tu, barbare, égorger Maria?...

D'autres fois, selon les caractères, elles ne demandent pas de pitié. Elles sont intrépides. Amazones, reines du Thermodon, provocatrices d'une profondeur inquiétante : « Je viens chercher un éreintement », disent-elles d'un air de défi, d'un air qui sonne la diane... de l'éreintement, — car l'éreintement, ce mot affreux, créé par l'Amour-propre blessé contre la Conscience, est encore une manière de corruption contre la Critique, pour l'empêcher de faire justice et de frapper! Il y a des esprits,— adorables hermines de délicatesse,— qui, pour tout au monde, ne voudraient être cette chose grossière, — un éreinteur !

IV

Et voilà comme la Critique n'est pas, et comme nous n'en avons aujourd'hui que la comédie! Dans cette société pantalonne, scaramouche, arlequine, carnaval de Venise en permanence, où les danseurs se *fichent pas mal* d'être reconnus et se promènent leur masque à la main; dans cette société où l'on paye des directeurs de spectacles, qui souscrivent au marché et tendent leur chapeau pour jouer des opéras que peut-être l'on n'a pas faits; où, de la littérature et de l'art, on ne veut que ce qui rapporte à la vanité ou à la sordidité plus basse encore; n'invente-t-on pas chaque jour mille nonchalantes raisons, plus lâches les unes que les autres, pour chloroformer la Critique? Rien n'est plus ordinaire ni plus curieux. Si c'est une femme qui a fait un mauvais livre, au lieu de faire de bonnes confitures : « Pourquoi tant de cruauté pour une pauvre femme?... » dit chevaleresquement le premier niais sentimental; et ne vous y méprenez pas, ce premier niais sentimental, c'est tout le monde ! « Pourquoi — si c'est M. Véron, ce Tallemant des Réaux en creux, qui nous donne les *Mémoires d'un Bourgeois de Paris,* — pourquoi vous acharnez-vous sur un vieillard ? » Et si c'est un homme célèbre qui baisse de génie, mais qui écrit toujours : « Pourquoi insultez-vous aux gloires de la France ? » Et c'est ainsi que toujours et partout, et à tout coup, c'est une nouvelle raison pour supprimer la vérité de ce monde et faire de la Critique, cette rude vierge, la cocotte du genre humain ! « Qu'est-ce que cela vous fait, mon cher ami, qu'il y ait un mauvais livre de plus? » disent ceux-là pour qui les livres ne représentent absolument rien. « Est-ce que des relations qui conduisent à l'agrément ou à la fortune, des relations qu'on peut se faire si aisément avec la plume que vous avez, ne valent pas mieux, ne durent pas plus longtemps que le plus brillant des articles, météore d'un jour, allumé aujourd'hui, éteint demain?... »

J'ai vu des rédacteurs en chef de journaux imposer à *leur* Critique, — c'était bien le *leur*, puisqu'il le souffrait, — le joug de leurs relations personnelles, à eux! J'en ai vu un, — que je pourrais nommer, — qui, du temps de la *Revue de Paris,* de MM. Laurent Pichat et Ducamp, ne voulait pas qu'on dît du mal de cette revue, parce qu'on aurait pu supprimer l'envoi gratuit qui lui en était fait!... Et c'est de tels bâillons que la presse, qui se plaint des gouvernements, met, de ses mains indépendantes, à ses propres rédacteurs!

Profonde absence de mœurs littéraires! Je l'ai dit : c'est parce que nous n'en avons plus, que nous souffrons ces despotiques indignités. Or, il faut bien le reconnaître, tout le temps que nous ne verrons pas, par exemple, un catholique comme lui faire le procès *esthétique* à M. Louis Veuillot, et un libre penseur à M. Renan, on pourra tenir pour certain que nous n'avons pas de mœurs littéraires, et que la Critique, étouffée dans les fanges molles et tièdes de ce temps pourri, sans passion pour le beau, jugé à peu près inutile, n'aura pas de raison pour exister.

Et qu'on ne s'y méprenne pas, je dis *la Critique.*

Je ne dis pas l'attaque, la charge à fond de train faite contre quelqu'un, même avec du talent, un certain jour; je ne dis pas le mot impertinent, le paradoxe, la guerre, l'envie de faire du bruit en tirant un coup de pistolet dans la rue pour que les passants se retournent, l'insulte crâne, la réclame *au sang*, toutes ces impatiences et ces abus du génie français que malgré tout on aime !

Non ! je dis la Critique, la calme et inflexible Critique qui, à part la personne, la situation, les opinions, le journal auquel elle appartient, prend un livre, le couche sur sa table d'anatomie, le coupe en quatre, explique les secrets ou de sa mort ou de sa vie, et, après avoir terminé ce cruel et noble ouvrage, se soucie peu du nom dont on l'appelle, fût-ce une injure ! Sur l'honneur, cela ne se voit plus !

Et si quelqu'un avait, comme on dit, la tête faite pour comprendre l'imprudente beauté de cela, je lui conseillerais de s'accoutumer à manger des sauterelles, comme saint Jean. Je lui conseillerais de vivre sur la colonne du Stylite, ou de rester invisible comme le Vieux de la Montagne.

Un Vieux de la Montagne qui devrait faire sa besogne tout seul !

LES PHOTOGRAPHIES
ET LES BIOGRAPHIES

> Mais, quoi ? Le canal est si beau
> Qu'il ne le quitte qu'avec peine !
> (La Fontaine)

I

Et qu'y faisait-il, au bord de son canal, cet original ?... Parbleu ! que vouliez-vous qu'il fît ? Il s'y mirait, donc ! Il y faisait ce que nous faisons tous maintenant à chaque bout de rue, à chaque angle de carrefour, Narcisses affreux dont la ville est plantée ! Il s'y mirait et il ne s'y admirait pas, car c'était impossible. Mais le canal était si beau qu'il y restait à se mirer, malgré sa diable de figure... Nous, nous sommes, à coup sûr, pour le moins aussi laids, et le canal n'est plus si beau, mais nous sommes plus fats que l'homme de La Fontaine...

Figure laide, canal encore plus laid! Tous les avantages! Et quand je dis « canal », je devrais dire « canaux », car nous en avons deux qui s'entrecroisent et coulent partout, nous renvoyant, pour nous rendre heureux, nos infortunées figures... C'est la Photographie et la Biographie! Photographie! Biographie! deux inventions à mettre en attelage. Filles siamoises de la même vanité! choses du temps! signe du temps! cocasseries du temps que je veux incruster dans son médaillier de ridicules! Ah! les ridicules ont cela de bon qu'ils sont plus variés que les vices. On en finit avec les vices; avec les ridicules, jamais! Le vice est monotone. Le vice a l'uniformité du péché, qui est toujours le même, depuis Ève la blonde jusqu'à la cocotte la plus rouge de nos jours! Mais le ridicule, non!

« Je suis un jeune dieu, toujours beau, toujours frais! »

A chaque siècle, il en sort toujours de nouveaux, comme il sortait des poux de l'inépuisable veine de Sylla! Pour une nation, il n'y a qu'une manière d'être Sodome, d'être la Grèce menteuse ou esclave, Rome oppressive ou corrompue; mais il y a cent manières d'être ridicules, — l'une après l'autre ou toutes à la fois! Le kaléidoscope de la Comédie dans lequel tournent les ridicules, est infini. Et plus ils sont petits, plus ils valent. Ils déshonorent mieux qui les ont.

II

Eh bien, un des bons, dont l'histoire et les moralistes n'ont pas encore parlé, d'autant qu'on ne l'avait vu nulle part, avant cette heure bénie, n'est-ce pas celui d'un peuple tout entier devenu, sur son déclin, amoureux de lui-même, et occupé et acharné à reproduire et à contempler sa chère image ?... Les moines du mont Athos ne regardaient que leur nombril, ces hommes modestes ! tandis que nous, nous regrettons qu'il n'y ait en nous que deux profils ou que deux faces par lesquelles nous puissions nous faire regarder. La Photographie, cette démocratie du portrait, cette égalité devant l'objectif, — brutale et menteuse, — cet art de quatre sous, mis à la portée de la vaniteuse gueuserie d'un siècle de bon marché et de *camelote*, la Photographie a remplacé, pour nous modernes, les images des anciens et les somptueux portraits de l'ancien régime, toutes ces choses grandioses, bien faites et rares, dans lesquelles, je le veux bien, l'orgueil de race trouvait son compte autant que les autres sentiments du cœur, mais qui, du moins, restaient fièrement et pudiquement appendues aux lambris de la maison, sous les yeux respectueux de la famille... La famille! il s'agit bien maintenant de cela! Quand la vie publique, la vie percée à jour ronge un peu plus la vie privée, c'est la vitrine qui est la famille. On y fait queue, on s'y entasse, on s'y accumule, en portraits, depuis l'homme d'État jusqu'au portier, depuis la duchesse jusqu'à la cabotine, et tous, et toutes, avec l'orgueil d'être lorgné par l'imbécile badaud qui passe...

Gloire intelligente et charmante de la Photographie. Avoir la célébrité de la vitrine, faire lire souvent un vilain nom sous une vilaine figure, reproduite vilainement par un vilain procédé, quelle aubaine! Délice de l'amour-propre bien placé! Et comme doit raffoler d'un si mirifique étalage une société vieillie qui s'est faite coquette à l'envers! Du moins, quand la vieille horreur d'Élisabeth Tudor, devenue la Jézabel plâtrée et bonne à jeter aux chiens de l'Angleterre, confisquait les portraits où sa décrépitude était reproduite par des pinceaux ou des crayons trop fidèles, elle avait le sentiment de sa laideur qui l'envahissait avant la mort; mais que dire d'une race décadente et ramollie qui s'en vient individuellement multiplier ses portraits, avec une telle extravagance que jamais pluie de grenouilles véritables ou de crapauds réels n'égala en nombre

les photographies de ces grenouilles humaines et de ces crapauds humains, qui grouillent présentement aux vitrines des marchands, les *Aquaria* de ces monstres ?... Quel vent de fatuité posthume a donc soufflé sur ces têtes en démence ?... La Bruyère, ce grand benêt de La Bruyère, qui s'étonnait de tout, écrivait, en son temps : « On dit :
« j'ai de la probité, j'ai des mœurs, j'ai du dévoû-
« ment ; on n'ose pas dire : — ce serait trop fort !
« — j'ai les dents belles ou la jambe bien faite... »
Mais quand on les a, par hasard, on fait mieux que de le dire à présent, on les expose, et le musée de cette exposition, c'est la rue ! et, pour être sûr qu'elles seront regardées, les portes contre lesquelles on les expose sont les portes où il vient naturellement le plus de monde, — ce sont celles des marchands de vin, des restaurants et des lupanars !

Dignes galeries de la nouvelle société française ! Que j'y en ai vu de toute sorte, des gloires et des obscurités, également heureuses d'y être, car l'encanaillement flatte les plus fiers dans ce délicieux monde à la renverse ! Philosophes, poètes, historiens, gens de science ou d'art, humbles religieux, — humbles jusqu'à la Photographie. — Évêques, fonctionnaires de tout genre et de tout uniforme, académiciens empalmés de laurier et même ornementés, — comme le Grand-Orient, Viennet, — des fastueuses et impayables breloques maçonniques, comédiennes pincées ou posées, faisant leurs *mamours* au public, drôles et drôlesses à maillot, une manière de réclame charnelle qui ne manque jamais son effet sur la porcherie contemporaine, — y en a-t-il assez sur les murs, de ces petits portraits *bouzillés* par la Photographie, qui sont d'horribles affichages, et que nous n'offrons pas moins encadrés, avec des airs de prince (nous sommes tous princes à présent), car il n'y avait que les princes assez fats pour donner ainsi leurs portraits. En dehors des princes il n'y avait guère aussi, autrefois, que l'amour seul et l'amitié peut-être, qui eussent cette foi en soi, cette foi osée de donner son image et de croire rendre heureux par un pareil don; mais aujourd'hui, le premier venu, le premier sot et le premier laideron feront, avec des airs de superbe magnificence, ce qu'on ne permettait jadis qu'aux plus ardents sentiments de la vie, et encore à ceux-là qui sont censés porter un bandeau sur les yeux! Oui, un monsieur, — et c'est là un monsieur particulier au dix-neuvième siècle, — aura les poches doublées de sa photographie. Il vous fusillera, à bout portant, de son portrait, comme si vous ne connaissiez pas que trop sa figure!

Et ce portrait, dont il s'accompagne en collection, il le laissera chez vous, si on ne vous y trouve pas, croyant justement, — cette conscience d'homme!

— qu'il suppléera pour vous l'ennui de l'entendre par l'ennui de le regarder! Une dame, particulière aussi à cet amusant dix-neuvième siècle, aura un album des photographies de la société tout entière, et fera musée de ces museaux... Elle les exhibera avec orgueil aux rares moments où la conversation défaille. Derniers développements d'une époque matérielle où la guenille l'emporte sur ce qu'elle couvre, on ne voit que ces portraits nabots, portraits par-ci, portraits par-là, portraits partout, portraits embusqués et qui fondent sur vous comme escopettes, portraits persécuteurs comme les seringues de M. de Pourceaugnac, et nous disparaîtrions sous l'avalanche de ces cartons photographiés, si heureusement le temps ne devait pas vite les réduire en pâte et en bouillie sous son invisible pilon, et par là priver les générations à venir du plaisir de contempler ces cartonnets qui devraient diablement étonner Charlemagne s'il revenait au monde, et si on lui disait : Tous ces cartonnets, c'est la glorieuse race de vos Francs !

III

Mais si elles doivent passer vite, ces Photographies, ce ne sera pas, hélas ! sitôt fait de ces Biographies jumelles qui ne sont que des photographies encore, — des photographies transposées de l'ordre physique dans l'ordre moral et intellectuel! Photographies et Biographies! Par bien des côtés les choses se ressemblent, mais le ridicule de la photographie, ridicule du temps, passera avec le temps, comme un ricochet sur les eaux, tandis que le ridicule de la biographie a une influence plus profonde et touche à un vice, car il fausse l'histoire. La Biographie, cette histoire vivante, écrite par des vivants, en chemin de fer de la vie, dans le wagon d'à côté, pendant que l'histoire se fait encore, et que les *derniers mots* d'un homme *ne sont pas dits*, est ce que je connais de plus contraire à l'impartialité, au sang-froid et à la justice de l'histoire. Si Joseph de Maistre écrivait, il y a quarante ans, que l'histoire moderne était « une conspiration contre la vérité », que dirait-il en ce temps de biographies pullulantes et de biographes légers, qui galvaudent d'avance l'histoire de l'avenir en ayant l'air de la préparer! Bouffonnerie des bouffonneries! Des gens qui, s'ils étaient crevés, ne mériteraient certes pas l'épitaphe qu'on fait à un chien, ont aujourd'hui à leurs talons des biographes et peuvent se croire de taille historique. Eh bien! c'est ce que j'appelle hardiment un encanaillement de l'histoire, comme la photographie et l'exposition au trottoir sont l'encanaillement de la figure humaine et du portrait! Mais je sais faire la différence. Esclaves de leur procédé, honnêtes comme leur *petite mécanique* qui ne trompe personne en faisant plus laid que nature, les photographes ont cette supériorité sur les biographes, qu'ils ne mêlent pas du moins à leur travail leur ignorance, leurs passions, leurs ressentiments ou leur propre bêtise ! Sans mission, sans gravité, sans information, les spéculateurs de biographies qui font la traite des amours-propres, l'exploitation de la publicité et de la réclame *qui n'en a pas l'air*, sont sortis un jour de dessous les pavés et ont organisé des dictionnaires. Ç'a été aussi vite bâclé que cela ! Dans un temps où la dignité de l'histoire imposait les plus difficiles obligations à qui voulait l'écrire, les héros étaient plus en peine de trouver des historiens que les historiens des héros ; mais aujourd'hui c'est tout le contraire ; ce sont les historiens qui abondent ; on en trouve trente-six pour le moindre petit héros. Il n'est pas de gringalet, en effet, qui ne puisse avoir, et qui n'ait, s'il le veut, en ce siècle-ci, ses deux lignes de biographie. Et c'est une telle gamelle de publicité que ces dictionnaires, — inventés plus pour ceux qui les écrivent que pour ceux sur lesquels on les écrit, — qu'un homme un peu fier en détourne la tête et a mal au cœur de se voir là-dedans.

Car on l'y met bien souvent malgré lui, et souvent on l'y arrange si bien que si son nom n'y était pas en toutes lettres, il ne s'y reconnaîtrait pas ! Avantage amer d'un peu de notoriété, conquise par le talent ou les efforts d'un homme, que de n'être plus, lui, sa vie et son œuvre, qu'un moyen de spéculation dans la main des plus grossiers faiseurs. La Biographie est une ogresse qui veut chaque matin sa pâture, et quand elle ne l'a pas, elle mâche à vide. Elle mâche dans l'invention, dans les *on-dit* bêtes, mais elle fait le mouvement de mâchoires — mâchoire elle-même ! — de mâcher toujours ! Inconséquente, d'ailleurs, et sans conscience, elle confond sans souci les dates, les lieux et même les personnes, ce qui est plus fort ! J'en connais de ces *Dictionnaires* que les dadais de bibliothèques prennent pour les annales littéraires du XIXe siècle, et dans lesquels on confond, par exemple, un frère avec son frère, où l'on impute à l'un, qui est romancier, les faits et gestes de l'autre qui est prêtre, attribuant les romans un peu vifs au prêtre et la prédication apostolique au romancier ! Et s'il n'y avait que l'ignorance ! La Biographie, quand elle n'a pas quelque bonne lâche raison pour être hostile et malhonnête, baisant par devant, poignardant par derrière, cachant les perfidies du libelle sous les coquetteries hypocrites et menteuses de l'information, est toujours, au plus bas mot, curieuse, indiscrète et impertinente. Elle écouterait volontiers aux portes pour voir dans la vie de qui ne doit au monde que sa pensée ! Elle corromprait les femmes de chambre. Elle écrirait sous la dictée des laquais qu'on aurait chassés de la main et du pied... Mendiante famélique de faits, — de ces petits faits, chers aux imbéciles, — quand elle n'en moucharde pas, elle en quête. Elle en quête pour les besoins de sa pauvreté. Tantôt humble et flûtant sa voix et son geste, elle vous prévient, elle vous salue, elle vous dit : Vous savez ? je suis la Biographie et je compte bien vous en faire une dont vous serez content, allez ! Mais des renseignements, s'il vous plaît ! — et elle tend le chapeau, car les renseignements sont des écus pour elle, et la coquine n'est pas fière, elle prendrait pour un quart d'écu, pour une fraction de renseignement... tantôt menaçante, quoique humble encore, avec le chapeau, elle vous tend un petit bout de biographie, comme le pauvre du commencement du siècle qui vous tendait bien poliment un bout de broche, pour vous engager à lui donner... .

L'histoire en est jolie. Permettez-moi d'en égayer ces pages... Ce n'était pas un biographe, ce mendiant-là... Sa petite industrie à lui n'était pas de faire des dictionnaires, mais de rougir, en plein Pont-Neuf, sur un fourneau portatif et commode, une broche de suffisante longueur, — puis quand il l'avait, à force de la chauffer, rendue délicieusement incarnadine, — écarlate à vous faire trembler, — à s'approcher mystérieusement du premier venu qui passait, et, le chapeau dans la main, la broche dans l'autre, à moduler sur le ton le plus doux :

— Monsieur voudrait-il me permettre de la lui mettre ?...

Et, révérence parler, il disait nettement où... Vous comprenez quel bond on faisait sans se retourner, bien entendu ! Vous comprenez que personne ne voulait !

C'est alors qu'avec la suavité de la conciliation, il ajoutait : — Mais, au moins, que Monsieur me donne de quoi entretenir mon charbon ! — Et on donnait, on donnait toujours ! comme on donne aussi au biographe qui vous parle dans cette gamme-là, en vous montrant précautionneusement la broche de sa biographie !

LES CHATS DE LA CRITIQUE

Samedi, 19 *mai* 1866.

I

Vous rappelez-vous les fameux chats de La Bruyère, — qu'il s'amusa à grouper dans un champ de bataille idéal ?...

« Que si l'on disait, — s'écrie l'auteur des
« *Caractères,* — que tous les chats d'un grand pays
« se sont assemblés par milliers dans une plaine,
« et qu'après avoir miaulé tout leur soûl, ils se
« sont jetés avec fureur les uns sur les autres, et
« ont joué ensemble de la dent et de la griffe;
« que, de cette mêlée, il est demeuré de part et
« d'autre, sur la place, de neuf à dix mille chats
« qui ont infecté l'air de leur puanteur, ne diriez-
« vous pas : Voilà le plus abominable sabbat dont
« nous ayons jamais entendu parler ?... »

Oui, certainement, nous le dirions. Mais ce n'est pas de ces chats-là qu'il sera question aujourd'hui.

Les chats d'aujourd'hui n'ont pas tant de bravoure. Ils se battent bien entre eux, mais ce n'est pas en champ de bataille ; mais c'est sans cris, sans miaulements, sans furie, sans sabbats, sans tous ces tapages de chats redevenus sauvages, redevenus tigres qu'ils étaient, à ce qu'il paraît, avant d'être chats, car j'ai ouï dire à un vieux naturaliste, — moraliste aussi, à ses heures, — dont les jambes m'ont servi de fauteuil quand j'étais petit, que le chat n'était rien qu'un tigre qui avait appris le latin. Mon vieux naturaliste s'illusionnait-il ?... On sait le caractère du tigre. C'est un gaillard très net. Quand il attaque l'éléphant, il saute sur sa trompe ! Rien de plus clair. Il n'est ni empoisonneur ni faussaire, tandis que les chats que voici sont légèrement faussaires et légèrement empoisonneurs. Oh ! légèrement ! ce n'est qu'une nuance ; je n'exagère pas. Scélérats, — un peu, — mais sobres dans leur scélératesse, ils ne demandent pas la mer à boire ou à faire boire. Quand il est bon, une goutte de poison leur suffit, et encore, ils le distillent par la queue, — *venenum in caudâ*, — pour ne pas se faire casser l'autre extrémité... Avantage de la civilisation et du latin, ils sont chats, ceux-là, et ils ne passent jamais au tigre ! Ils ne sortent pas de leur chatterie. Ils ne sortent pas de cette douceur traîtresse qui mord sans crier et griffe hypocritement du fond d'une patte de velours. Immuablement chats, ces chats particuliers ne sont pas des femmes, comme on pourrait le croire, — mais des hommes, — oui, des hommes, plus chats que les chats !

Déjà nombreuse en nature humaine, cette race de chats que j'ai le plaisir de vous signaler a beaucoup produit en ces dernières années, dans les gouttières de la Critique, et malgré l'abondance de la production qui abaisse toujours le prix des choses, elle n'en a pas moins été prisée, recherchée, trouvée charmante ; que dis-je ? charmante ! la plus charmante de toutes les espèces en critique littéraire, et c'est pour cela qu'il faut aujourd'hui en parler ! Certes, ce n'est pas du tout qu'il y ait de ces chats là qui nous étonne ! L'homme, cette délicieuse ménagerie, ce résumé de toutes les bêtes qui étaient dans l'Arche, n'a pas plus le privilège de nous étonner quand il est un chat, — et un chat domestique, servile et poltron, — que quand il est un singe ou un porc, et nous n'insisterions pas aujourd'hui sur sa spécialité chattemite, si cette spécialité inférieure, lâche, fausse et câline, n'avait pas été placée tout récemment sur le pavois d'une théorie ; si ceux mêmes qui ne sont pas des chats ne proclamaient pas qu'être chat était en critique la plus spirituelle manière d'être, et ne disaient en prenant des airs fins et charmés, comme le comble de l'éloge, du premier tortueux venu : « Il faut avouer qu'il est bien chat ! » Enfin, si toute cette méprisable qualité qui va de la lâcheté à la perfidie n'était pas en train, à cette heure peu héroïque, de primer la magnanimité des lions eux-mêmes, — s'il y en avait !

II

Développement, changement, progrès, tout ce que vous voudrez, mais chose certaine! la Critique littéraire a trouvé, en ces derniers temps, un procédé qui, jusqu'ici, avait été parfaitement inconnu à ceux qui l'avaient cultivée. La Critique, en effet, jusqu'à ce moment, avait reposé sur une notion fière. Elle avait l'ambition d'un principe et la prétention de l'appliquer. Elle avait la force de l'affirmation et la hardiesse de la clarté. Elle n'allait pas par les quatre chemins de la prudence qui le plus souvent sont des impasses et ne mènent à rien, mais par la route unique et tout unie qui conduit à la vérité. Quand elle frappait, — car, dans ce monde, la Critique, qui est tout à la fois une éducation qu'on fait et une législation qu'on applique, ne peut s'empêcher de frapper le faux dans les œuvres et la fausseté d'esprit qui le produit dans les auteurs, — quand elle frappait, c'était de haut, comme la Justice, froidement ou avec feu, selon le tempérament du critique, car si tous les critiques sont tenus d'avoir la même conscience, tous ne sont pas tenus d'avoir la même manière d'en traduire et d'en exprimer les arrêts. Elle frappait, mais elle montrait sa main ; et si elle frappait avec ses deux mains, elle les montrait toutes les deux. Elle n'insinuait pas, mais elle prononçait distinctement ce qu'elle avait à dire... Les grands critiques n'étaient ni bègues pour être plus malins, ni louches pour être plus habiles. La Critique, en somme, était une intrépidité de l'esprit et du caractère.

Prenez-les, tous les critiques qui ont laissé derrière eux, je ne dis pas un nom, mais le moindre sillage, et voyez s'ils ont eu jamais peur de ces deux choses qui sont l'essence de toute Critique : l'affirmation et la clarté. Même quand ils se sont trompés, même quand ils ont été injustes — critiques inférieurs, par conséquent, dans ces moments-là, — même quand ils ont écouté ces passions faites de sang, de bile et de nerfs, au lieu d'écouter la conscience faite de la lumière de l'esprit et de la droiture de la volonté, ils ont affirmé et ils ont été clairs ! C'était à leurs risques et périls qu'ils étaient clairs et qu'ils affirmaient, mais jamais ils n'ont cru pouvoir se dispenser de cela. Quand Fréron attaquait Voltaire, il l'attaquait clairement, sans repli, sans ambage, sans subtilité. Il ne le mordait pas au talon, mais à la figure. Il ne s'embusquait pas comme Pâris à la porte Scée. Il ne se mettait pas ventre à terre, lui et son arc, pour être mieux de niveau avec le talon qu'il voulait frapper! Comme l'archer de Philippe, au contraire, il mettait son trait : *à l'œil gauche! à l'œil droit! au cœur de Voltaire!* Et quand Clément *l'inclément* faisait comme Fréron, quand Grimm jugeait ses contemporains dans cette *Correspondance* qui est le premier en date des monuments qu'ait laissés la Critique, née d'hier, lorsque La Harpe élevait le second dans son *Cours de littérature,* lorsque Chénier et Morellet traitaient Chateaubriand comme Fréron et Clément avaient traité Voltaire, ils disaient nettement ce qu'ils pensaient et, pour le dire mieux, ils ne l'enveloppaient pas... Ces finesses, — disons le mot : ces *chatteries* sont venues plus tard. Le chat, en critique, ce brouilleur d'écheveau et de peloton, qui, après l'avoir brouillé, le déchire avec l'air de jouer et de le démêler, est un animal nouveau-né. C'est un monsieur du XIXe siècle. On pourrait, sans remonter bien haut dans l'histoire contemporaine et vivante, dire facilement le nom de celui qui fut le premier Minet de la Critique littéraire... et ce n'était pas un bien gros matou! On le trouva tout de suite gentil dans sa distribution de petits coups de griffes qui avaient l'air de jeux innocents ou taquins, et qui étaient des perfidies... La société actuelle, qui est une vieille femme et qui, comme toutes les vieilles femmes, aime les chats, fit le succès de celui-ci... Or, tout succès est prolifique dans ce pays indépendant. De ce qu'un homme a réussi en quelque chose, — n'importe quoi! — vous voyez à l'instant même une foule d'esprits qui ont l'initiative... de l'imiter. De toute éternité, l'esprit imitateur et laquais se tient derrière toute réussite et monte, intellectuellement, derrière toute voiture. Après le succès du premier chat, les chats de la Critique ont pullulé; et encore une fois, et pour la dernière, ce n'est pas là ce qui nous étonne, mais c'est que dans un pays comme la France, avec son ancien caractère et son ancien génie, de pareils animaux puissent réussir!

Et s'ils ne réussissaient encore que comme curiosité, — que comme escrime, — que comme une certaine manière de s'en tirer, quand on a peur et qu'on a haine, qu'on voudrait être méchant et qu'on n'ose, et qu'on fait fine la pointe de l'arme de la haine ou de l'envie pour qu'elle puisse mieux, sans avertir, pénétrer, on trouverait peut-être assez drôles ces petits coups donnés avec tant de calcul, de préméditation, de précaution et d'air de n'y pas toucher par ces patte-pelus de la Critique; on rirait et

... J'ai ri, — me voilà désarmé !

Mais il y a plus qu'eux dans la question... Le mal qu'ils font en égratignant quelques amours-propres, lesquels n'en mourront pas, est assez peu de chose. Mais le mal qu'ils font à l'opinion et même à la Critique peut être très grand. Évidemment ils descendent la notion de la Critique, et ils l'avilissent. Pour eux et depuis eux, la finesse, cette opposition à la force, est devenue la qualité première. Le sous-entendu, qui expose moins que la clarté, a paru plus piquant que cette bête de lumière, dans laquelle on voit tout d'un regard, et qui ne laisse rien à deviner. Parmi toutes ces échines qui plient, la souplesse, qui n'est pas la grâce, a passé pour elle. L'adresse de ces matois a semblé du génie. La trahison (mon Dieu, oui, même la trahison), quand elle s'y prenait d'une certaine façon, a eu son affreux petit charme. Le baiser de Judas n'a plus été qu'une question de forme. On disait alors (je l'ai entendu!) « Quel talent! quel bien joué! quelle habileté! quelle dextérité! quelle rétorsion dans la malice! » et on admirait... de cette admiration qui corrompt celui qui la donne, qui pourrit celui qui la reçoit! La Critique, cette forte fille, cette Minerve à la lance et au casque, n'était plus alors qu'un eunuque de Bas-Empire, un chat... opéré, à deux rasoirs, dont l'un est la servitude des relations, et l'autre la peur ! Ah ! la Critique ! qu'elle y prenne garde ! Si elle n'y met pas ordre elle-même, elle ne sera bientôt plus, sous les pattes de ces chats, qu'un égratignement empoisonné, qu'un adroit assassinat par derrière, d'autant plus félon qu'il est plus par derrière, — cela n'est pas contestable, — mais, le croiriez-vous jamais ? d'autant plus joli ! Et là est le danger ! En France, la scélératesse est bien près d'être absolue quand on la croit jolie. L'idée du joli est la séduction universelle ! On n'y résiste pas. L'homme qui disait du grand Corneille :

A mon gré, le Corneille est joli quelquefois,

faisait certainement une politesse — et bien française ! — au grand Corneille, et il fallait être Boileau, le sévère Boileau, pour s'en fâcher. Le joli est le superlatif de tout pour les têtes françaises, pour ce peuple de jolis cœurs ! Le joli homme, la jolie femme, les jolies choses, les jolis esprits, rien de plus puissant que tout cela, mais rien de plus troublant et de plus démoralisateur. Et voyez ! Dernièrement, ces chats de la Critique, qui se caressent à vous, au lieu de vous caresser, ne disaient-ils pas de Renan, ce chat comme eux, qu'après tout, il était un joli écrivain, un joli romancier, un bien joli paysagiste, et cela dit, — à leurs yeux, et, croyaient-ils, aux yeux du monde, — l'odieux archi-patelin était amnistié ?

III

Mais aux nôtres, eux ne le sont pas ! Nous, nous n'avons eu jamais grand goût ni grande estime pour les échines qui se recroquevillent en tire-bouchon, pour les bancals au pas oblique, pour les messieurs louchards qui portent des lunettes, pour toute cette race enfin de petits Machiavels-Rodillardus littéraires qui finiraient, si on les laissait faire, par persuader au monde badaud qu'ils sont les forts parce qu'ils sont les pusillanimes ! et partout, partout où nous rencontrerons leur race, nous donnerons la chasse à ces chats ! Selon nous, le devoir du moraliste littéraire est de s'opposer aux influences, beaucoup plus réelles et nombreuses qu'on ne croit, de ces papelards qui sont bien capables d'ériger en système leur papelardise et de la faire entrer, comme une poétique, dans la littérature. Déjà, si vous vous le rappelez, il y a quelques années, un journal *posé* qui, pour plusieurs d'entre eux, fut un grenier et la lucarne par laquelle ils miaulaient au public dans ces tons doux de chats qui rentrent leurs ongles pour les mieux ajuster, disait de leur critique « que c'était la seule critique des honnêtes gens », et ces benêts d'honnêtes gens séduits le croyaient, et semblent aujourd'hui de plus en plus le croire. Ils se prennent à « ces blocs enfarinés » et même ils en aiment la farine! — Ridiculement inférieurs en cela au vieux rat de la Fable, qui, du moins, ne s'y prenait pas!

Mais lui, il y avait perdu la queue... et eux, — qu'on me passe le mot, en faveur de la chose, — on la leur fait!

LES CHRONIQUÉS

Samedi, 31 *mars* 1866.

I

Par ce temps d'argot, on me pardonnera bien ce mot de *Chroniqués* qui n'a qu'un tort, d'être de moi, et non pas du premier vidangeur venu..... Tel que le voilà, du reste, il dit nettement ce qu'il veut dire. Il est l'expression d'un fait nouveau dans la littérature et les mœurs françaises. Or, il faut bien que tout fait nouveau ait son nom, *quin qu'en grognent* les Académies ! Puisque les Chroniqueurs les ont fait naître, voici donc maintenant les *Chroniqués !* Je vous les devais.

Car les Chroniqueurs les ont fait naître. Chroniqueur et Chroniqué, c'est le substantif et c'est le régime. Semez le vent, — dit le prophète Osée qui n'a pas beaucoup osé en disant cela,

— et vous recueillerez la tempête! Les Chroniqueurs ont semé le vent le plus futile, et voici qu'ils font lever les plus vaines des vanités! *vani, vanam.* En France, vous le savez, la vanité est toujours prête. Elle est debout, dès qu'on l'appelle. Dès le premier mot de la Chronique, la Vanité a titillé de l'oreille et reniflé aux Chroniqueurs! Rien de plus naturel. Puisqu'on inventait une histoire par pieds, pouces et lignes, de toutes les insignifiances contemporaines, tous les Insignifiants se sont crus dignes à juste titre d'être les héros de cette histoire. Tous les amours-propres d'imbéciles se sont dit que cette Chronique, de date récente, devait être pour eux un bon pré où ils pourraient se vautrer, et se rouler et pétarader tout à leur aise; et comme l'âne qui regarde par-dessus la haie le tapis vert dont il a envie, ils ont guigné de loin et convoité leur petit bout de chronique possible, — et, enfin, n'y résistant plus, ils ont fini par le demander

« Le chapeau dans la main, se tenant sur leurs membres, »

aux Chroniqueurs! Le Chroniqueur est devenu une puissance. Les gens du monde qui laissaient les journaux à la politique et qui se contentaient pour leur gloire de commérages *parlés*, ont jalousé les commérages *écrits;* et des salons où jamais peut-être un écrivain n'aurait pénétré, pour des raisons plus ou moins bêtes, ont été ouverts avec empressement à ces Chroniqueurs qui font trompette de tout bruit, si humble et si discrètement poussé qu'il puisse être. Tout le monde a voulu être *chroniqué*, et la passion d'être chroniqué est allée si loin, et la recherche du Chroniqueur a été si ardente, qu'à l'heure qu'il est, il n'est pas d'invitation à souper ou à danser, au bas de laquelle on ne pût mettre : « Il y aura un Chroniqueur ! »

Et ils s'en sont vantés — assez publiquement, comme dit Narcisse dans *Britannicus*. Et ils ont bien fait et je les en loue ! La Fatuité en France est une force. C'est l'escompte du succès. Gresset l'a dit assez *lovelacement*, pour un pied-plat de Jésuite qu'il était :

« Ce n'est qu'en se vantant de l'une, qu'on a l'autre ! »

Ils s'en sont vantés, les Chroniqueurs ! L'un d'eux, — celui que j'aime le plus, l'enfant d'esprit terrible qui, un jour, se moquera de la Chronique elle-même et qui la cravachera comme on cravache une maîtresse indigne de soi, — a parlé d'invitations qu'on lui adressait, et il en a, — paraît-il, — une malle pleine, — comme Bassompierre avait la sienne pleine de six mille lettres d'amour, écrites par des mains différentes ! Or, puisque la vie privée est en train de disparaître comme une modestie qui n'a plus de sens, puisque la Vanité agrandie ne trouve plus ses colonnes d'Hercule que dans le brouhaha des journaux, pourquoi ne pas publier ces lettres de maîtres de maison et de femmes du monde, de Turcarets et de Turcarettes qui demandent, comme le ramoneur à la dame qui passe, le *petit sou* de la publicité aux Chroniqueurs ?

II

Qu'ils les publient donc, et qu'on sache les noms, pour en rire, de ces candidats au bruit, de ces surnuméraires à la réclame qui sont sans excuse, car ils n'ont rien à vendre, et qui pourtant la paient, en politesses et *m'amours* quelconques, à ceux qui la font ! Soyons juste ! pour la Chronique, c'est là un succès. Oui, c'est un succès et un succès qui arrive à merveille, puisqu'il arrive à temps. On commençait à s'en apercevoir. La pauvre diablesse n'en pouvait... A trois pas de son point de départ triomphal, pour deux temps de ce galop qui devait enfoncer toutes les résistances, elle soufflait, déjà épuisée... Et ces conducteurs de diligence, qu'on appelle toujours encore (quelle mauvaise habitude !)

des rédacteurs en chef de journaux, qui l'avaient attelée à leurs pataches, avaient été obligés de doubler l'attelage. Partout où il y avait un Chroniqueur, on en avait mis deux! Remisés à tour de rôle, ils n'ont plus eu à courir qu'un jour l'un, et ils ont marché, le nez au vent, et moins hennissants, entre la crainte fort naturelle d'être fourbus et la résignation forcée d'avoir un compagnon de brancard pour tirer convenablement la voiture ; mais ce succès, — cette autorité que l'on décerne aujourd'hui aux Chroniqueurs et l'influence de leurs papillotes de chaque jour sur l'opinion, — doit leur remettre le cœur au ventre, à ces malheureux tourneurs de roue, — à ces travailleurs du vent et du vide, plus fatigués et plus à plaindre que les *travailleurs de la mer !*

Ils périssaient... Les voilà sauvés, du moins pour un temps... C'est le renversement du proverbe : « Ce qui vient par la flûte s'en va par le tambour. » Ici, justement, c'est le contraire. L'Expérience, une rude *siffleuse*, siffle parfois outrageusement la Sagesse des nations. Eux, ils périssaient par la flûte, les voilà sauvés par le tambour! *Vani vanam.* La Vanité est venue en aide à ses vains. La Vanité qui ne veut plus ni d'obscurité, ni de silence, ni de pudeur, ni de mystère, la Vanité qui ne veut plus qu'on sache qu'on a le cœur haut, l'esprit charmant, même la jambe belle,

— car c'est l'ancienne Vanité, cela! — mais la Vanité nouvelle, moderne, transformée, la Vanité du Progrès, la Vanité du XIXe siècle qui veut qu'on sache qu'on a un salon, des chevaux, et des cheveux! et des robes! et de telle couleur! et de telle nuance dans la couleur! et de tel prix, — oh! surtout de tel prix! a bien compris l'utilité pour elle des *Titi boum! boum!* des Chroniqueurs, et ils sont devenus les tambours de ville de cette Vanité. Il est vrai qu'ils l'avaient prévenue. Convenons-en, ils avaient été polis, ils l'avaient prévenue. Avant qu'elle eût senti le besoin qu'elle avait d'eux, ils avaient senti le besoin qu'ils avaient d'elle; ils *étaient Français* et l'affaire *pouvait s'arranger :*

« Il faut qu'à frais communs se fassent les avances! »

Et les Chroniqueurs avaient fait les premières... On n'est point altier quand on a la faim du renseignement au ventre. A toute personne qui, pour une raison ou une autre, attirait les gros yeux de bœuf du Public, des Chroniqueurs empressés ont envoyé leurs cartes et demandé à être reçus. L'écho demandait qu'on lui chantât quelque chose pour le répéter! Il ne s'est pas produit ou il n'a pas débarqué dans notre pays de saltimbanques plus ou moins célèbres, qu'à l'instant même les Chroniqueurs ne soient allés à eux et ne leur aient offert les quelques lignes pour lesquelles à présent on vendrait son âme, si on en avait!

Ils n'ont pas dit, comme le *Père de la débutante* le dit si drôlement dans la pièce : « Anaïs, dites donc quelque chose de Monsieur à Monsieur! » mais ils ont dit : « Si Monsieur voulait nous dire quelque chose sur Monsieur! » et Monsieur le disait et Messieurs le redisaient le soir, et la Chronique avait de quoi fourrer dans la bouche du public, de ce Gargantua de badauderies et de *canards,* qui l'a toujours ouverte à tout, et insatiable! Certes! c'était déjà fructueux, agréable et facile, cela, mais il y a eu bientôt mieux pour les Chroniqueurs. La Vanité, flatteusement provoquée, les a flatteusement provoqués à son tour. Il ne s'est plus agi de saltimbanques, ayant non pas pignon sur rue, mais tente d'un jour dans la célébrité! Il s'est agi de femmes du monde.

Dans l'histrionisme général qui nous transporte et nous emporte, des femmes du monde ont été jalouses des actrices et se sont fait actrices le plus qu'elles ont pu, et leurs feuilletonistes, non point du lundi, mais de tous les jours, à elles, ont été les Chroniqueurs. Or, comme ils ne pouvaient pas dire qu'elles avaient du talent, puisqu'elles n'en avaient pas, ils ont dit qu'elles avaient autre chose! Ils ont parlé de leurs toilettes, — de ces toilettes insensées qui ne sont plus des toilettes, car la femme française qui savait si bien s'habiller autrefois, ne s'habille plus, mais se *costume*. Cette race de femmes, qui a donné au monde charmé les plus délicieuses maîtresses de maison qu'on ait jamais vues... et adorées, ne donne plus maintenant que des mannequins d'étalage, et ce n'est pas seulement au physique que la femme française s'est perdue dans sa robe, — c'est aussi au moral, et, de toutes manières, au moral! Le luxe de la robe a été bête et insolent comme sa mère, la pièce de cent sous, et plus il a coûté, moins (naturellement) il s'est cru obligé d'être spirituel. Où est maintenant la robe feuille-morte de Madame de Maintenon? Le justaucorps d'étamine noire de Mme Geoffrin? Le simple linon de Marie-Antoinette, dans lequel elle était assez belle pour être charmante?... Cherchez-les dans cette société de parvenus qui aime les bijoux, comme M. Josse? Ils en ont vendu, ils en achètent! Les Chroniqueurs n'ont plus à demander aux femmes de ce temps, moins spirituelles que leurs couturières qui se moquent d'elles, en les habillant, de ces mots qui feraient leur fortune. Les *Guêpes*, d'Alphonse Karr, où tant de femmes mirent leur aiguillon (car les *Guêpes* d'Alphonse Karr furent une ruche d'abeilles), seraient à présent impossibles. Les Chroniqueurs d'aujourd'hui ne pourraient raconter les histoires qui sont le rôti quand il manque, car le rôti ne manque jamais, mais les

histoires ! Invités à ces dîners qui sont aussi des
étalages, les Chroniqueurs peuvent compter les
plats qu'on y sert, mais ils se tairont sur les plati-
tudes qu'on y dit, craignant trop qu'on ne les croie
d'eux...

Et ils ont raison. On pourrait s'y tromper.

III

Vous le voyez donc s'ils s'impliquent, s'ils sont
solidaires les uns des autres, les Chroniqueurs et
les Chroniqués ! Sans les Chroniqués, qui ont pris
goût à la dragée qu'on leur a tendue et qui veulent
maintenant à tout prix leur petit bonbon de Chronique, depuis longtemps il n'y aurait plus de Chroniqueurs ! Réduits au renseignement qui est le
même pour tous, à la nouvelle-omnibus, à toutes
les souris à cinq chats dont il ne reste rien quand
on les partage, les Chroniqueurs seraient morts
d'inanition et d'inanité, s'ils n'avaient trouvé devant
eux la fièvre de vanité et de publicité qu'ils ont
allumée. Cette fureur de vivre de la vie publique,
de jeter son nom sur le tremplin des journaux, ce
besoin d'*être remarquée*, caractère des courtisanes
de toutes les époques et qui tend à devenir celui

de l'honnête femme de France, a sauvé la Chronique aux abois et à l'agonie, et a fait relever leur plume épuisée aux Chroniqueurs. Ce n'est pas leur faute, à eux, si leurs Chroniqués ne sont pas plus intéressants et plus aimables. Ce n'est pas leur faute, à eux, les sténographes de tout ce qu'ils entendent, les photographes de tout ce qu'ils voient (sténographes, photographes, métiers de chien!), si ce qu'ils entendent n'est pas spirituel, si ce qu'ils voient manque de beauté simple, d'âme et de grandeur! si la société qui fut française et qui devient... on ne sait plus quoi, hébétée de matérialisme, a perdu ses anciennes jolies vanités d'autrefois pour les vanités lourdes et idiotes d'un luxe sot! Ce n'est pas leur faute, à eux, si, comme Trublet qui *n'imaginait rien*,

    Et compilait, compilait, compilait,

ils compilent, compilent, compilent, et que dans leurs compilations au jour le jour, une fois le salon décrit jusqu'à son dernier tabouret, et la robe des femmes jusqu'à son dernier falbala, il n'y a plus rien sur rien ni sur personne! Non, ce n'est pas leur faute, à eux, si l'Américanisme qui, prochainement, tuera le salon par le cercle, nous a envahis et déjà nous déborde, grossièreté et argot en tête (c'est la musique du régiment)! Mais leur faute, que je leur reproche et que je ne cesserai jamais de leur reprocher, c'est d'être les Chroniqueurs de tout cela! c'est d'être les madame de Renneville de la Chronique, dans une société où la personnalité des femmes n'est plus que dans leur robe, et qui, hors leur robe, ne sont plus! C'est de se ravaler à n'être que les historiens de bals stupides, de convulsions de marionnettes, de comédies de société dans une société qui devient de plus en plus cabotine, et de raconter ces piètres choses, non pour s'en moquer courageusement et en faire des *râtelées de rire,* — car rire et se moquer sont les meilleurs enseignements qu'il y ait en France, — mais de les raconter sérieusement et comme si c'étaient choses importantes et tout l'intérêt de la vie! Ah! Chroniqueurs et Chroniqués, qui êtes, à vous deux, l'histoire des pauvres mœurs du XIXe siècle, que pensera de vous le siècle futur?... Les Chroniqués, ces néants, je comprends qu'ils trouvent très bon d'avoir leurs deux petits mots d'histoire; mais qu'ils les trouvent! que des plumes qui ont du talent et pourraient faire autre chose, les leur donnent!... mais que des gens d'esprit fassent ainsi les affaires de la vanité d'imbéciles ou de charlatans, qui les flattent et qui peut-être les méprisent, voilà ce que je ne comprends pas, ô mes pauvres amis aveugles, ô grandes taupes de Chroniqueurs!!

LE CABOTINISME

Dimanche, 17 *mars* 1866.

I

Ce n'est pas pour en dégoûter que je donne ce nom bas à ce ridicule-ci : c'est pour ma satisfaction personnelle... Je sais qu'on ne dégoûte de rien quand les goûts sont vifs, — pas même des crapauds, lorsqu'on les aime, — et celui qui nous entraîne vers le... cabotinisme, puisque c'est le mot, a pris de telles proportions et une telle intensité, que le diable lui-même, — tout ce que je connais de plus fort après Dieu, — n'y pourrait absolument rien. Le goût de cette crapaudière des choses de théâtre est, pour le moment, aussi furieux qu'universel. C'est la danse de Saint-Guy du dix-neuvième siècle, et tout le monde la danse, jusqu'aux culs-de-jatte. Quel effet d'optique ! Il y a une vieille ronde française, faite sans doute par quelque misanthrope en gaîté, et dont le refrain m'a toujours plu :

« Nous sommes tous des gredins, des gredines,
« Nous sommes tous des gredines, des gredins ! »

Gredins tous, — peut-être pas encore, mais cabotins, oui ! et cabotines ! La société française tout entière se fait cabotine et nous passons fièrement à l'histrionisme, avec armes et bagage, mèche allumée et tambour battant !

C'est curieux, un tel mouvement d'ensemble ! curieux et grotesque ! Mais encore plus curieux ! L'histrionisme, à la vérité, n'est pas une chose nouvelle. Il est de tous les temps et de tous les pays. Il a toujours plus ou moins existé. Les besoins de comédie sont ancrés à une grande profondeur dans le cœur humain, ce farceur, qui mentit à Dieu dès le premier jour ; et les nations les plus sérieuses, autant que les plus frivoles, ont eu toutes, à un certain âge de leur vie, la rage de ces amusettes, de ces Polichinelles, qu'elles finirent (les plus sérieuses, comme les Romains) par tremper dans du sang vrai, pour les rendre plus dramatiques. Seulement, nulle part et en aucun moment de l'histoire, on n'avait vu ces amusettes glorifiées comme les plus grandes choses de la vie, et ces Polichinelles n'être pas seulement, comme Titus, les *délices du genre humain*, mais des nécessités sociales, — de l'importance des plus grands hommes et des héros! Pour voir cela, il fallait ce temps-ci... Le Moyen Age, tout entier, a passé avec ses Bouffons officiels sans que ces Bouffons ou leurs aides, — des aides littéraires quelconques, — aient fait la poétique ou l'histoire de leur bouffonnerie, mais la comédie et les comédiens du dix-neuvième siècle ont été plus heureux que les Bouffons du Moyen Age... Ils ont eu pour aides toute la littérature! Ils ont eu leurs historiographes, leurs apologistes, leurs courtisans, qui les ont élevés à la haute puissance où les voici parvenus! L'opinion s'est mise de la partie. Néron, méprisé, même comme histrion par les Sévères de l'Antiquité, a été réhabilité par les modernes touchés de cela seul, dans ce monstre, qu'après tout *il aimait l'art* et qu'il était comédien, et Racine, le chaste Racine, qui se contentait de vivre avec La Champmeslé en *catimini*, sans croire pour cela les comédiennes, auxquelles il faisait jouer ses rôles de princesses, les Princesses de l'humanité, Racine ne pourrait aujourd'hui se permettre d'écrire ces beaux vers de *Britannicus* qui firent rougir le jeune Louis XIV et rentrer en lui le comédien qui ne demandait qu'à sortir.

II

Et c'est là ce qui est nouveau. Toute la société est devenue ce Louis XIV, moins la jeunesse et la honte ; et Racine, avec ses plus beaux vers, ne la corrigerait pas. Le monde est un théâtre, disait le vieux cliché, mais c'est le théâtre qui est maintenant le monde. La proposition a été renversée. Ecoutez-les dire ! Littéralement, le théâtre est la première des formes de l'art, et la plus comptée, et la plus escomptée ; et cette forme, si éclatante et si supérieure, est d'une telle tentation à l'esprit qu veut le succès instantané et sur place, l'ivresse physique de l'applaudissement et les pièces de cent sous, ces douces choses, qu'il faut réellement avoir dans le ventre les ongles de tigre de la Vocation, qui vous traîne après elle, pour ne pas, dès qu'on possède un bout de plume, se jeter dans la voie du théâtre, la seule voie littéraire où l'on puisse trouver à charretées ces bienheureuses pièces de cent sous, hosties d'argent qui contiennent le seul Dieu vivant ! Et le théâtre n'est pas uniquement la plus grande des préoccupations littéraires. C'est une préoccupation bien autrement vaste : c'est la préoccupation sociale entière. Le théâtre est partout...

Il est chez lui d'abord, et, ce *chez lui,* on l'a grandi de toute la liberté qu'on lui a donnée de bâtir, quand il lui plaît, un nouveau pignon. Si le théâtre n'était qu'au théâtre, ce ne serait rien : il serait du moins à sa place; mais il est maintenant où on ne l'avait jamais vu et où il n'aurait jamais dû paraître.

Partout, en effet, où l'on s'exhibe d'une façon quelconque, dans ce siècle de l'exhibition, inconnue à nos pères, dites hardiment que le théâtre est là et son influence! Ne vous y trompez pas, le principe de l'exhibition est le même au fond que celui du théâtre. Ils disent l'un et l'autre : « Au lieu de « me conter ces belles choses-là, montrez-les-moi ! « Je voudrais voir... » Curiosité inférieure, sensuelle et grossière; car nos organes sont plus ou moins ribauds; mais l'œil est celui de tous qui l'est le plus. C'est le chef de la ribaudaille, et c'est pour l'œil que le théâtre a été créé... La littérature vraiment *littéraire,* celle qui n'avait pas, *comme la dramatique,* besoin de *faire sa salle,* ainsi que le disait l'autre jour M. Dumas fils, cette littérature qui se contentait jusqu'ici de parler à l'imagination sa langue idéale et de lui élever des alhambras intellectuels, a voulu avoir sa *salle* aussi et se la *faire,* et, pour cela, elle s'est troussée en conférence, cette comédie à un seul personnage, où il n'est encore question le plus souvent que de comédiens et de comédies, tant il est difficile d'échapper à cette hébétante tyrannie des choses de théâtre, qui a saisi toutes les cervelles! Le Conférencier est un fragment d'acteur, un quart de comédien, au plus. C'est un têtard dramatique, mais sans espérance, et qui restera têtard. N'importe! pour peu qu'il puisse gloser sur la grande comédie, tout en nous jouant sa petite, l'esprit cabotin, qui est en nous tous, se tortille en lui et le rend heureux! Hélas! cet esprit cabotin, cette queue frétillante du Démon de cet âge, voué à l'histrionisme, ne se tortille pas que dans la chair des conférenciers littéraires! Je l'ai vu se tortiller dans des chairs plus augustes, même quand le prêtre y restait prêtre de bonne foi! Rappelez-vous ce fameux sermon dominicain qui, en deux jours, fit son homme célèbre, et qui, commençant comme un drame d'Alexandre Dumas :

« Elvire, m'aimez-vous?... — Je t'adore! »

fut un de ces coups de théâtre qui fit s'agiter sur leurs précieuses bases, lesquelles n'étaient pas de granit, les vieilles filles romanesques, empilées ce jour-là dans l'église de la Madeleine! Rappelez-vous la nécessité du costume, de ce costume qui fut pour une moitié dans le succès mondain du Père Lacordaire, et pour le tout dans celui du Père Hyacinthe, plus puissant par ses pieds nus et déchaux que par la tête, le pauvre homme! Ah! l'esprit cabotin, c'est l'esprit du temps dans son ubiquité! Après le sermon, que de fois je l'ai vu se tortiller encore, mais ce n'était plus dans la chaire, c'était aux marches du Parvis! Il avait passé du prédicateur dans l'assistance. Des femmes non pas habillées, comme disait la modeste élégance d'autrefois, mais costumées comme des actrices, descendaient, comme on descend la scène, les marches de cet escalier de la Madeleine, qui est leur rampe en plein vent et en plein soleil, toquées, bottées et traînant leurs jupes, et c'étaient leurs jambes alors qui jouaient la comédie! cette comédie qui est partout, en haut, en bas, à droite, à gauche, et qui pénètre, pour les corrompre, tous les détails de nos mœurs!

Franchement, en ce débordement de cabotinisme, dans une société qui n'est plus qu'une actrice, on comprend l'infatuation de tous. On conçoit l'importance inouïe donnée en ces derniers temps aux choses du théâtre, et qui ne fera, je vous le promets, qu'augmenter! On conçoit que les gouvernements, qui ne font pas les mœurs, mais qui sont bien souvent entraînés par elles, aient accordé à des acteurs d'un talent moyen des distinctions refusées longtemps à des acteurs de génie. — Le siècle a marché. On conçoit — comme cela s'est vu — qu'un homme de lettres puisse très bien devenir, sans inconvenance et sans singularité, même un montreur de marionnettes, car l'important, dans cette société exhibante, dans cette société montre-tout, c'est de montrer quelque chose, n'importe quoi, entre deux chandelles, et des marionnettes, d'ailleurs, c'est du théâtre, — du théâtre avec toutes ses difficultés d'un seul coup, l'homme qui les montre étant son propre directeur à lui-même, ses propres acteurs et sa pièce, et il lui faut plus de talent, je n'en doute pas, pour faire parler et agir ses petits morceaux de bois, que pour faire débiter des rôles longtemps serinés à des mécaniques de chair et d'os, dont le ressort ne va pas toujours ! Enfin, on conçoit que même ici, dans ce *Nain Jaune*[1], que le mouvement du temps a bien pu emporter, ce pauvre petit bonhomme de Nain, un homme du talent le plus net, qui ne prend pas l'ordre chez le public, un brave grognard d'indépendance, l'Alceste du sifflet, aussi connu que l'Alceste aux rubans verts, et qui, si la Critique était une reine, mériterait la clef de chambellan, qu'il ne porterait pas certainement dans le dos comme celle des chambellans ordinaires, ait écrit et continue probablement d'écrire des biographies de *comédiens* et *comédiennes*, aussi détaillées, fouillées et considérables que s'il avait eu affaire à des artistes comme

---

1. L'auteur écrivait alors au *Nain Jaune*.

Michel-Ange, Raphaël ou Shakespeare ! Assurément, je ne veux point blâmer ces biographies qui ont leur intérêt, pourvu qu'on le mesure, mais je les trouve trop grosses. L'auteur est trop le Plutarque de Scapin, et il ne s'y occuperait pas plus sérieusement de gens qui auraient sauvé la patrie, au lieu simplement de l'amuser ! Mais que voulez-vous ? le vent souffle de ce côté, et il souffle fort ! Il faut en effet qu'il souffle terriblement fort, ce Borée, pour que M. Francisque Sarcey, car c'est de lui que je parle, cet âpre bon sens dupe de si peu de choses, ait l'air de partager l'opinion de cette vieille Épicurienne que j'ai connue, et qui disait : « On ne tombe pas à l'eau tous les jours, mais tous les jours on peut être aimable. Tous les jours on n'a pas l'occasion de sauver sa patrie, et il faut l'amuser tous les soirs. »

III

Eh bien, véritablement, c'est par trop... Ne trouvez-vous pas ?... Quelque besoin que nous ayons d'être amusés et quelque reconnaissance que nous devions avoir pour nos amuseurs, c'est par trop de considération pour des choses qui, dans aucun temps, ne furent jamais si considérées...

C'est pour un peuple, qui fut solide, par trop se dissoudre comme cela en amour des spectacles et en vanités extérieures! Avec les mœurs que le Théâtre lui fait en ce moment, la société, retournée comme un gant, n'a plus que des dehors... Le dedans commence à lui manquer. Superficielle et fastueuse, avec ses femmes caparaçonnées et ses exhibitions perpétuelles, la société sans mœurs intimes, sans foyer (que celui des théâtres), n'a plus rien de profond, de voilé, de chaste et de familial. Elle n'a plus rien de ce qui rendait les sociétés modernes si intéressantes et si différentes des sociétés païennes qui n'avaient, elles, qu'une vie publique dans son agitation monotone et sa fatigante simplicité. Eh bien, oui, c'est par trop... et ce n'est pas assez. Les nations, comme les hommes, doivent avoir l'esprit de leur âge. N'arrive-t-il donc pas un certain moment dans la vie de l'homme où il devient misérablement ridicule, s'il se permet de faire l'amour? Ne fut-il pas un autre instant où il eût passé pour un imbécile s'il avait continué de jouer avec les poupées et les pantins de son enfance, et les nations seules seraient exemptes du ridicule qu'infligent à l'homme les goûts déplacés des âges qu'il a vécus, devenus les goûts dépravés de sa vieillesse! Non pas! Les nations qui, dans leur besoin d'être diverties, mettent leurs divertisseurs sur de tels pavois, sont des nations dont la vieillesse rejoint l'enfance. J'ignore si elles doivent bientôt périr. Le grand artiste qui a fait le monde sait varier son drame mieux que nous. Quand la décrépitude de Rome était, comme nous, folle de spectacles, on pouvait déjà voir briller dans les brumes du Nord la pointe des flèches de ces barbares sous lesquelles elle devait tomber. Puisqu'il n'est plus de barbares dans ce monde pourri, on peut tout aussi bien mourir sous les flèches de la moquerie des esprits justes.

Destinée certaine de ces nations, Polichinelles elles-mêmes, qui ont fait de leurs Polichinelles les burlesques dieux de leurs derniers jours!

LES EFFACÉS

9 *Mars* 1866.

I

Les Effacés ! Qu'est-ce à dire, cela ?... Les reconnaîtrez-vous à l'étiquette ?... Être effacé, c'est presque n'être pas. Où voyez-vous là un ridicule ? Ce n'est pas même un vice. Ah ! monsieur, comme disait Dufresny, c'est bien pis ! C'est une pauvreté. C'est une impuissance. Seulement, voyez-vous, il est des temps, il est d'agréables saisons pour l'esprit humain où l'impuissance peut devenir tout à coup une puissance, — et une impertinence aussi ! — et la plus atroce impertinence pour ceux-là qu'insulte le succès des sots ! Alors ce n'est plus là un ridicule du temps, c'est un temps qui est ridicule !... Les Effacés ! Nous eûmes, une fois, les Importants, et la graine n'en est pas perdue. L'Importance est, Dieu soit béni! un ridicule qui subsiste toujours, gros et gras, bien portant, et le reste; mais une fois, sous la Fronde, je crois, dans les commencements du XVIIe siècle, elle fut un ridicule du temps, plus spécial au temps, et superbe! On disait, la bouche toute grande, « les Importants! » quand on parlait des mouches du coche politique. Le cardinal de Retz en riait. Qu'aurait-il fait des doctrinaires?... Tandis que les Importants d'aujourd'hui, les Importants du XIXe siècle, je ne crois pas qu'on puisse en rire, fût-on cardinal! Ils ne sont pas gais. Je les trouve même tristes. Ce sont les Effacés.

Voulez-vous que nous en parlions à notre aise?... Voulez-vous que je vous prouve que je ne rêve point et que je n'invente rien, quand je vous parle des Effacés? Voulez-vous que je vous les montre de mes deux index, — le droit et le gauche, — ces Effacés que j'appelle hardiment les Importants du XIXe siècle?... Voulez-vous que je vous en montre le genre d'abord, dans sa nuance générale, peu appuyée, fuyante; puis, après, les individus? Pas tous, — ce serait impossible! — mais quelques-uns, qui suffiront pour éclairer le genre et pour le rendre si visible que vous ne puissiez plus jamais vous y tromper et que vous direz aisément à la première vue d'un de ces galants : « Tiens! c'est là un des hommes à succès, un des séducteurs de ce temps, qui, moi aussi, allait peut-être me séduire. Eh! mais je n'en suis pas surpris : c'est un Effacé. »

II

Car ils plaisent tout d'abord... Ils plaisent à la majorité... On les trouve aimables, ces heureux coquins d'Effacés qui ne choquent ni l'œil, ni le tympan, ni l'esprit, ni la vanité de personne, et qui peuvent, de temps en temps, reposer un homme d'esprit fatigué, comme Mme Grant reposait Talleyrand. Ils plaisent... sera-ce long?... mais ils plaisent, ce n'est pas douteux. Ils s'insinuent comme une huile douce. Ils s'avalent sans peine, comme un lait assez frais, qui ne serait pas sucré; comme l'eau quand elle n'est pas glacée, quand surtout elle n'a pas passé sur des tapis de menthe ou de marjolaine et qu'elle est restée de l'eau, dans sa simple insipidité ! — Les Effacés, que je ne veux pas tuer, que je ne veux pas supprimer, certes ! — les Effacés représentent dans l'ordre intellectuel un tas d'objets qui ne manquent ni d'agrément ni d'utilité dans l'ordre physique. Ils ont quelque bon... Ils font penser avec assez de suavité aux oreillers, aux édredons, aux garde-vues, aux lunettes bleues, à la camomille, aux ronds en cuir que l'on met précieusement sous soi, aux petits bouchons de coton matelassant l'oreille, toutes choses qui ont leur succès d'estime et de commodité. Quelquefois même ils ont eu davantage ! Quelquefois dans l'histoire (cela s'est vu !), quand le temps était le moins aux Effacés, quand le talent vibrait le plus haut et s'attestait avec le plus de force, des esprits dignes d'aimer l'originalité en vertu d'une distinction incomparable, des talents qui n'avaient à trembler pour leur compte devant le talent de personne, s'engouaient tout à coup, le croira-t-on? de quelque Effacé, mais qui l'était jusqu'à la platitude, ce qui est le sublime du genre pour un Effacé! En plein Louis XIV, c'est-à-dire en plein soleil, Mme de Sévigné préféra Pradon à Racine. C'était rare, alors, j'en conviens, que de telles préférences, mais elles sont devenues communes. Talleyrand finit par épouser Mme Grant. La société a épousé les Effacés avec enthousiasme ! Cette dernière moitié du XIXe siècle a fait aux Effacés non seulement une position, mais une destinée ! Et cela n'a pas été un accident, mais comme une loi de cette dernière moitié du siècle que, pour avoir un succès certain, indiscuté, rapide, roulant moelleusement son homme où il veut aller, sur des roues de velours, — à la fortune, à la gloire, à l'Académie, — il fallait avant tout être un Effacé!

Et on l'a été! On a trouvé des Effacés, vous pensez bien! plus que d'hommes de génie. Le génie est rare en tout temps, et l'imbécile aussi, quand il est absolu. L'imbécile absolu est l'homme de génie de la Bêtise, et il rentre par là dans la rareté de génie. Mais des Effacés! *Rorate cœli!* Il en pleut. Dans cet état de civilisation qui fait notre gloire, les Effacés forment, entre l'imbécile relatif et l'homme d'esprit, un joli niveau intellectuel tout en nuances, — des nuances qui s'en vont toujours de moins en moins, et voilà le délice! On dit des Effacés : quelle finesse! quand c'est si effacé qu'il n'y a plus rien! Je n'ai pas affirmé, je n'affirmerai point qu'ils n'ont aucun talent, aucun esprit, les Effacés! Ils en ont. C'est pâlot et faiblot, mais c'est précisément ce pâlot et ce faiblot qu'on aime. Nous sommes si sensibles et si généreux! Leur caractère est de n'en point avoir. Ils ne pensent pas fort; ils ne peignent pas ardent. Ils n'ont ni relief, ni couleur, ni expression, ni aucun de ces dons du talent qui sont d'abominables distinctions divines! Ils ne connaissent pas cette odieuse originalité qui, par ce temps vertueusement égalitaire, vaut titre de duc pour le talent qui l'a, et qui écrase tout d'une supériorité haïe! Les Effacés, eux, n'ont jamais blessé le commun des esprits qui dit si bien devant les manifestations du génie, comme si c'était une raison pour le nier : « Je ne comprends pas ! » Les Effacés sont toujours faciles à comprendre. Ils sont clairs, ils entrent dans l'esprit tout droit. Quel profit et quel charme ! Ils n'ont rien de tapageur. Ils laissent tranquilles. Ils ne donnent point de secousses. Ils ne sont point des piles de Volta, et, pour toutes ces raisons, on les adore, on leur bat des mains, ils sont la coqueluche de leur siècle, et ces coqueluchons s'en croient la gloire ! Et la Critique qui en est fière (car elle en est fière !) ne se contente plus d'admirer leurs œuvres, mais aussi leurs personnes ! La Critique hébétée nous dit aujourd'hui la couleur de leurs moustaches, et peut-être demain soir nous dira-t-elle l'heure à laquelle ils seront allés à la garde-robe le matin !!

III

Et direz-vous que j'exagère ? que je suis de mauvais ton et de mauvaise humeur ? Mais si vous le dites, la Chronique est là, et les Journaux, et les discours, ces discours de l'Académie que nous entendions hier encore, et tout le siècle enfin, qui se lève, et par ses mille voix proclame qu'en France, en ce pays qui aimait les Éclatants autrefois, l'ère des Effacés est ouverte! Laissons faire encore au vieux Hugo son bruit. Il vit sur son passé. Il est d'un temps où le génie entrait avec effraction dans la gloire, — où la fracassante couleur de Delacroix finissait par fracasser les stupides résistances des cuistres, conjurés contre sa palette; mais Hugo, lui-même, s'il débutait maintenant, serait distancé et vaincu par les Effacés! par ces gaillards à qui tout est facile et que voilà partout, nombreux, en magnifiques ou en agréables postures, importants, sûrs de plaire et de suffire, disposés à prendre la place et même les airs du génie, et, ma foi... les prenant avec une lestesse et un *dégagé* que le génie indubitablement n'aurait pas! Au fond, cependant, ils sentent bien, croyez-le, ce qu'ils sont et ce pourquoi ils réussissent dans une société démocratisée jusque d'intelligence; mais, devant le triomphe de leur effacement, ils ont l'impertinence *qui se laisse faire*, — la plus drôle, par parenthèse, et la plus inoffensive impertinence des gens heureux!

Ces Effacés, nés Effacés, comme on naît coiffé, puisqu'à présent c'est un bonheur de l'être, ces Effacés, qui avaient certainement, dès l'origine, *quelque chose là* comme Chénier, mais quelque chose sur quoi on ne peut plus rêver maintenant, car ils n'ont pas été guillotinés et c'est sorti, et nous avons vu que ce quelque chose était, en

somme, peu de chose; oui, ces Effacés qui ne le
sont pas devenus, mais qui l'étaient comme on est
poète, ne les connaissez-vous pas tous, et sur le
moindre mot qu'on en pourrait dire, ne seriez-
vous pas très capables de les nommer?... Échantil-
lons-en seulement quelques-uns. Tenez, en voici
un, enfant gâté peut-être parce qu'il est malade, à
qui on trouvait dernièrement des tournures de
Corneille (de Corneille! ô Dieu juste!) et qui n'est
pourtant, à le bien prendre, que du Casimir Dela-
vigne... effacé! Puis, en voici un autre qui a lavé,
avec je ne sais quelle eau de son, les pastels charmants des comédies de de Musset, pour en rendre
les couleurs moins *voyantes* et moins scandaleuses
aux yeux des bourgeois! Et après?... Après, en
voici un troisième, qui n'est pas, celui-là, un simple
littérateur, mais un écrivain politique, qui est arrivé
presque d'emblée aux plus hauts honneurs, et que
ses amis appellent Fontanes! et, au fait, il a de
Fontanes, mais en l'effaçant, ce qui fait de l'effacé
sur de l'effacé, c'est-à-dire trop d'effacé! Enfin,
voici le poète comique de l'autre jour, bien plus
comique à l'Académie qu'à la scène, qui ne nous a
effacé, lui, en aucun sens, l'Alfred de Vigny auquel il succède et qui nous a rappelé le vers de La
Fontaine, sans le mériter :

« Mon fils, — dit la souris, — ce doucet est un chat. »

Car il n'est point chat, ce Doucet ! Il n'a du chat ni la grâce, ni la griffe, ni l'escrime, ni le bond, ni *l'œil luisant*, ni le miaulement amoureux ou sauvage, ni la *peau tachetée*, mais tout au plus, ce jour-là, vu la circonstance, *l'humble contenance* et *l'air doux*. Et ce n'est pas tout. Vous me permettrez bien d'en citer encore un, pour en finir de tous ces Effacés qui font broussailles autour de nous et à travers lesquels il n'est pas aisé de s'enfuir, et ce sera, si vous le voulez bien, cet autre académicien de fraîche date, — encore plus pincé qu'effacé, je le reconnais, — qu'on a déposé moelleusement, et enterré avec honneur, dans une de ses phrases, — une phrase que personne de ceux qui en ont parlé n'a eu le courage de trouver ridicule, excepté moi !

Or, la voici, pour que vous jugiez tout à la fois de moi et d'elle :

« *Salut*, lettres chéries, douces et puissantes
« consolatrices !... Vous êtes comme ces sources
« *limpides*, cachées, à deux pas du chemin, sous de
« *frais ombrages*. Celui qui vous ignore continue à
« marcher d'un pas fatigué, ou tombe épuisé sur
« la route ; celui qui vous connaît accourt à vous,
« *rafraîchit son front* et rajeunit en vous son cœur.
« Vous êtes éternellement belles, éternellement
« *pures*, clémentes à qui vous revient, fidèles à qui

« vous aime. Vous nous donnez le repos; et si
« nous savons vous adorer avec une âme recon-
« naissante et un *esprit intelligent*, vous y ajoutez
« par surcroît quelque gloire. Qu'il *s'élève entre*
« *les morts* et qu'il vous accuse, celui que vous
« avez jamais trompé ! »

Qu'en pensez-vous ? O déclamation ! ô Eucharis !
ô Télémaque ! C'est bien la peine de lire l'anglais
et de se grimer en petit Swift, cruel et propret,
pour ne faire que du Fénelon effacé !

IV

Mais effacé, voilà le point ! — Voilà ce qu'il faut
faire et être avant tout, si on tient au succès immé-
diat et sans lutte, si l'on veut être classé sans coup
férir, — ambition des esprits décents, — parmi
les hommes d'un talent sérieux, qui honorent, sans
l'agiter, la littérature ! La mettre sens dessus dessous, au contraire, cette pauvre littérature, par de
l'invention, par de la passion, par de la nouveauté,
par des initiatives quelconques, c'est un mauvais
jeu que je ne conseillerais pas à mon plus grand
ennemi de jouer... Être effacé est bien plus sûr...
N'être pas nul, non ! bien entendu, — oh ! n'être

pas nul, — on n'exige pas cela!... mais être effacé, — n'être pas quelqu'un, patatras! mais rappeler quelqu'un, gentiment, en taille-douce, avec nuances, avec sobriété, avec goût, le goût, cette petite faculté d'eunuque, parfaitement opéré! Posséder et surveiller (surtout) un de ces talents qui n'en sont presque pas un, mais qui ne sont pas rien du tout, non plus, tel est le meilleur moyen de fortune littéraire qu'il y ait aujourd'hui parmi nous, et cela sans inconvénient d'aucune sorte, pas même celui d'être ridicule, car dans cette *société de soixante-dix ans*, comme la désignait Stendhal, dans cette société, despote et cacochyme, qui ne veut plus pour favoris que des esprits qui s'effacent, le comique, le mordant, la verdeur énergique du Ridicule s'en vont aussi, avec toutes les autres puissances, et il n'y a non plus pour l'observateur, qui aime à rire, que des ridicules — comme les esprits — *effacés !*

Quand je vous ai dit qu'ils n'étaient pas gais, les Importants du XIXe siècle, — et même qu'ils étaient un peu mélancoliques, — est-ce que je n'avais pas raison?...

LES CHRONIQUEURS

Samedi, 24 *février* 1866.

I

C'est la pluie de sauterelles du Journalisme contemporain. L'Égypte, cette pauvre vieille, maudissait ses sauterelles. Elle les appelait douloureusement une plaie... mais le Journalisme tend son chapeau aux siennes, comme les Croisés, après une sécheresse, tendaient leurs casques à la rosée... Il les recueille, il les ramasse, il les recherche et il les paie des prix fabuleux, qui ne sont pas des fables car il publie, pour qu'on n'en ignore et pour forcer la foi aux choses incroyables, ses traités de Laurent-le-Magnifique avec eux. Importants, ces messieurs ? que dis-je ? ils sont indispensables. Ils sont les rois du Journalisme. Pour eux Barnum crèverait une de ses caisses et ouvrirait l'autre. Les Chroniqueurs, dans les journaux! Ce sont les Térésa de ces Alcazars!

Singulier et récent avatar du Journalisme, — de ce Protée qui n'était pas un Dieu, comme vous voyez! et que voilà réduit à sa dernière métamorphose! En effet, qu'on le dise! que peut-il maintenant devenir?... Rappelez-vous seulement le Journalisme d'il y a vingt-cinq ans! Se doutait-on, il y a vingt-cinq ans, même M. de Girardin, qui avait mis la *Presse* à quarante francs avec une magnanimité commerciale et démocratique que j'admire, se doutait-on qu'un jour, dans l'avenir, il y aurait des journaux à deux sous, des journaux à un sou, et qu'on les achèterait avec furie, et non pas simplement les cochers et les femmes de chambre, mais les maîtres... devenus les rivaux de la lecture de leurs femmes de chambre et de leurs cochers? Pouvait-on prévoir que le salon et la cuisine seraient un jour égaux devant le journal, et que pour faire aller splendidement cette boutique à deux sous ou à un sou, il y aurait des chroniqueurs à vingt mille francs pièce?...

Genre inattendu de littérature! Évolution, qui est parbleu! bien une révolution tout entière! Ce qu'on appelle présentement le chroniqueur et la chronique, c'est le fait-Paris devenu souverain! C'est le fait-Paris, passant sur le ventre aux Idées, à la Discussion, à la Critique, à toutes les choses intellectuelles, qui composaient une hiérarchie d'importances dans le journalisme d'autrefois... Ah! tu ne veux plus que des faits qui t'amusent, vieille société ennuyée et positive, qui as inventé le positivisme en philosophie, et, en art dramatique, les petites machines à précision, les petites mécaniques à dénoûment de M. Dumas fils et de M. de Girardin ! Eh bien! on t'en campera, des faits, puisque tu les aimes; on t'en campera à pleines mains, on t'en fourrera jusqu'au nœud de la gorge, on t'en donnera des indigestions qui, malheureusement, ne te tueront pas, curiosité badaude, que rien ne peut tuer! Et sous le despotisme de la circonstance, du succès exploité, du goût du public, l'*animal aux têtes frivoles,* ainsi que disait La Fontaine qui le flattait, en n'en disant que cela, des hommes, faits pour mieux, descendront des hauteurs de leur esprit pour faire la chasse au fait-Paris, pour courir après ce bruit qui court, et, de personnes qu'ils étaient, se transformeront en échos, car ils s'appellent eux-mêmes des *Échotiers,* les Chroniqueurs! *Échotiers* et *blagueurs,* deux mots, également, d'une époque qui a les journaux à un sou et qui se fait une langue d'un sou pour y écrire. *Échotiers* et *blagueurs!* Franchement, je suis de l'avis de M. Louis Veuillot. Je préfère l'époque où l'on inventait le mot *pudeur!*

II

Ridicule, — oui, — aussi, c'est encore un des ridicules du dix-neuvième siècle que ce triomphe de Trajan du fait-Paris ; que toute une société qui se tasse et se réduit et se fond là-dedans, elle, son esprit et sa littérature ; mais c'est bien pis et bien plus grave qu'un ridicule, c'est une abjection littéraire. Abjection pour aujourd'hui, qui peut être un déshonneur littéraire demain ! Il faut savoir le dire, puisqu'on se plaît à l'ignorer. L'amour du fait, en dehors des expériences que le moraliste et le savant peuvent en tirer, est le propre des esprits inférieurs, et doit nécessairement, dans un temps donné, constituer une littérature de portières...

Et pas d'illusion ! C'est là que nous marchons ! Si nous continuons dans la voie où nous sommes engagés, si notre mobilité ne nous sauve pas et n'amène pas la réaction par le dégoût, la littérature, digne de ce nom et telle qu'on doit l'entendre, est finie ! Elle mourra, tuée par la chronique, le journal à un sou, et le machinisme théâtral, toutes choses qui s'engendrent et se poussent, car toutes les trois sont l'exploitation des besoins, matériels et bas, de la foule ; toutes les trois développent à outrance cette curiosité des sens, souvent bête, aussi souvent impure, et qui nous corrompt, l'un n'empêchant pas l'autre, après nous avoir abêtis !

Pour ne parler que du journal, qui tend à remplacer le livre, qui, dans trente ans, l'aura remplacé, quel journal s'élevant en ce moment oserait se passer de chronique et de chroniqueurs, et ne calcule par l'intérêt de sa feuille et de sa caisse sur la nouvelle, le bruit, le commérage, le petit fait, l'aimable petit fait, ce charmant petit polisson de petit fait, le Chérubin, l'enfant gâté de tout le monde !... *Bone Deus !* mais c'est le Dieu des Dieux, c'est l'Amour que le petit fait ; l'Amour, Dieu des Dieux et des hommes ! Et il n'a besoin de rien que de lui seul pour réussir. Il peut aller tout nu, comme l'Amour. On ne l'en aimera que davantage. On lui permet encore, je le sais bien, d'être spirituel quand il peut. Reste d'habitude d'une race intellectuelle qui ne se déprend pas en une fois de ce qu'elle a longtemps adoré, on permet encore au chroniqueur, à l'historien du petit fait, de montrer du talent, s'il en a, — d'enjoliver son petit fait, — d'empenner le bâton stupide, de l'aiguiser, d'en faire une flèche, — de monter et sertir le caillou du chemin comme si c'était une escarboucle... Mais bah ! on se passera bientôt de tout ce luxe d'accompagnement inutile. Le fait seul suffira. Le fait seul, bien insignifiant et bien plat.

Sans tant chercher midi à quatorze heures, on dira, par exemple, la couleur de la voiture de Mme de Metternich, ou comment sont rangés les volumes dans la bibliothèque de M. de Girardin, et ce sera assez! Ce sera assez pour suspendre l'attention haletante de tout Paris au bout de la plume allégée, — fameux débarras pour ces malheureux chroniqueurs !

Car je les plains, je les ai toujours plaints et rarement enviés. Leur métier est épouvantable !... Jeunes, presque tous, ayant de la vie en eux et devant eux, des facultés aiguës et légères, je ne sais quoi qui plaît et qu'on aime, je ne sais quoi de français et de militaire dans l'esprit qui va d'abord au fait comme à l'action, ils émiettent bientôt et ils éparpillent dans cette chasse au fait de chaque jour, ce qui deviendrait certainement le meilleur et le plus solide de leur force. Supposez-les s'enfermant chez eux, comme le voulait Pascal, travaillant et chassant solitairement au chef-d'œuvre, qui est la chasse au tigre pour les esprits courageux, ils en abattraient peut-être un, plus tard... Mais passionnés, comme tout ce qui est jeune, ayant besoin de vivre dans toutes les acceptions du mot, ils sont tentés, ces jeunes gens qui ne sont pas des saint Antoine !

Ils trouvent joli et même brillant ce double métier d'écrivain et de mondain, qui écrit ses observations pour le journal du lendemain sur son calepin de contredanses, et vraiment cela le serait, brillant et joli, si un tel métier n'était tout simplement l'impossible ! si les hommes, qui ne sont pas après tout des colosses de Rhodes, pouvaient se fendre de cette largeur et avoir en même temps un de leurs pieds chaussé pour le bal dans le monde, et l'autre, en pantoufle, sous la table de leur cabinet de travail !

Mi-partie, en effet, de journalistes et de gens du monde, sous peine de ne pas être renseignés, de ne *plus être* des Chroniqueurs, coureurs de salons, de théâtre, de cafés et de fêtes quelconques, n'ayant pas l'ubiquité d'un Dieu qu'il leur faudrait, aux pauvres diables, il faut qu'ils aillent, il faut qu'ils trottent, il faut qu'ils fassent leurs articles debout, comme les Juifs communiaient, et encore les Juifs, pas même le Juif-Errant, ne communiaient en courant ! tandis qu'eux, il faut qu'ils improvisent à la course ! Il faut qu'ils saisissent aux crins l'Improvisation comme ils peuvent, et sautent sur le dos ailé de cet hippogriffe ! Aussi que de sauts manqués, de courbatures et de fatigues ! Ni courrier diplomatique, courant la poste, avant l'invention des chemins de fer, vissé sur sa selle dont il ne descendait pas même pour changer de chevaux, et nourri d'œufs durs par précaution, ni Basque d'ancien régime, ni commissionnaire, ni surnuméraire, ni solliciteurs quelconques, habitués à grimper et à dégringoler tous les escaliers de la création, ne sauraient être comparés, pour le tourbillonnement et pour la fatigue, à ces chasseurs de la nouvelle, du petit fait, du détail sur toute chose, sans lesquels il n'y a pas de chronique ! sans lesquels ce gros prince de Public, qui veut dîner, peut se plaindre à ses Vatels en faute « que la marée n'arrive pas !!! » Ah ! certes, non ! ce n'est pas vingt mille francs qu'il faut donner à ces esprits qui mourront efflanqués, s'ils continuent, ou qui modestement s'abonnent à inspirer la phrase de généralissime que l'orgueil légitime des rédacteurs en chef se permettra très bien : « J'ai tué sous moi tant de chroniqueurs ; » c'est quarante mille francs et même davantage ! car l'avenir, le talent possible, l'espérance sont des choses impayables, que toute la terre ne saurait acheter !

Et pourtant c'est là ce qu'ils donnent, et la plupart encore à des prix qui ne sont pas ceux-là ! Dans cette vie haletante du chroniqueur, brûlée par tous les bouts à tous les candélabres, il n'y a pas que les fatigues affreuses et les vacuités du moment présent ; il y a l'impossibilité, très vite venue, de sortir de ces fatigues, et l'engloutissement de l'avenir ! Qu'ils prennent garde, qu'ils prennent garde, ces jeunes gens ! Lorsqu'on a couru le petit fait pendant quelque temps, on n'est plus capable que de courir le petit fait. L'idée méprisée devient infidèle. L'invention ne vous prend plus dans ses bras féconds.

Quand ils ne chassent plus, les vieux lévriers rêvent, disait le Prince de Ligne. Eh bien, c'est un avantage que doivent avoir les vieux lévriers sur les vieux chroniqueurs, s'il y en a, car tout chroniqueur doit être jeune comme tout danseur, la Chronique étant pour l'esprit une danse du diable qui n'est permise qu'à la jeunesse, lorsqu'elle en a encore la beauté! Seulement, n'est-il pas vrai? si on ne se figure pas très bien un vieux chroniqueur, on a, au contraire, une conception assez tristement nette d'une vie intellectuelle tout entière qui se serait passée à chroniquer! Si déjà, avant les chroniques, quand nous n'avions que celles de Turpin, on tenait, pour l'esprit, dangereux et terrible la dépense intellectuelle d'un article tous les jours sur un sujet quelconque, que sera-ce d'un article tous les jours, sans aucun sujet?... *Bobynans chimera in vacuo*, disait Rabelais. On aura bobyné avec plus ou moins d'éclat ou d'éblouissement dans le vide, mais ce sera toujours le vide dans lequel on aura bobyné!

Hélas! ceux qui ont l'expérience de ces damnées besognes le savent bien. J'en connais un, — et peut-être le premier de tous, — en cet art singulier et coûteusement frivole de prendre, non pas aux cheveux, mais au seul cheveu qu'il ait, le petit fait, chauve comme l'Occasion, de concentrer le rien, d'achever le mot incomplet et de donner du piquant et de la profondeur à la plus chétive anecdote, et il est bien las de courir cette bague... je vous assure. Il est aussi détaché de sa propre chronique que M. de Lamartine, de l'Académie! Il pousse l'indifférence et le dédain de ce qu'il fait au point de ne pas corriger ses épreuves. Qu'importe! dit-il. *Ch'importa!* Et ce n'est pas dandysme, c'est naturel. Il avait débuté, si je m'en souviens, par un roman aux qualités âpres, aux saveurs amères. Esprit froid et nerveux, coupant comme l'acier d'un rasoir anglais, observateur cruel, qui fût, avec du temps et de la peine, devenu quelque grand moraliste implacable, la Chronique l'a pris, cette fille qui n'est pas si facile, et il a dépensé pour elle la fortune de son talent, mise en petite monnaie pour en faire mieux des ricochets! Or, qu'est-ce qui reste des ricochets, même les mieux faits, même les plus supérieurs? Ah! je voudrais souffler à ces dépensiers spirituels une petite terreur salutaire! Je ne suis pas absolument le docteur Pangloss, qui trouvait tout bien. Je ne suis pas M. Philarète Chasles, un peu trop optimiste à mon gré, lequel nous donnait l'autre jour, ici même, pour preuve de la supériorité de la littérature théâtrale sur toutes les autres littératures, l'argent qu'on gagne à faire des pièces comme *Un Mari qui prend du ventre* ou le *Chapeau de paille d'Italie,* et du peu que rapportent des *Histoires de la civilisation...*

Singulière mesure qui, par parenthèse, m'a rappelé cet archange de l'Apocalypse, mesurant avec une règle d'or les murs de la Cité céleste. C'est avec cette règle que M. Chasles mesure les choses littéraires de son temps, qui ne sont pas précisément célestes, mais je ne suis point l'archange Philarète. J'ai une autre mesure que sa règle d'or, et je ne crains pas d'affirmer que quand tous les chroniqueurs de la terre deviendraient riches à faire de la chronique, autant que des Crésus... ou des épiciers, ils feraient encore un métier de dupes de s'enrôler sur cette galère, et quoi qu'on leur donnât, je dis qu'on leur aurait toujours pris bien plus qu'on ne leur eût donné!

III

Oui, j'ose l'affirmer : c'est la mort de la littérature ! Et qui en accuser, si ce n'est le goût du temps, l'esprit du temps, le temps tout entier ? Quand Mirabeau disait : « Lorsque tout le monde a tort, tout le monde a raison, » il disait un mensonge, mais, de plus, une lâcheté, malgré tout son génie ! Les spéculateurs, les fondateurs de journaux, les rédacteurs en chef, au lieu d'être de vigoureux éducateurs du public, de forts nourrisseurs d'intelligence, croient bien jouer leur jeu en ne lui servant que ce qu'il aime. Ils se font les odalisques de ce Sultan, ou plutôt ses fournisseurs d'odalisques. Les Odalisques, pour l'instant, ce sont les Chroniqueurs ! Ah ! les rédacteurs en chef ! qu'ils soient bien tranquilles, s'ils le peuvent ; ils périront par où ils auront péché. A une époque plus prochaine qu'on ne croit, le journal, qui aura tué et dévoré le livre, cessera lui-même d'être un journal. Le petit fait le rongera. Ce sera son insecte, ce sera sa vermine. Comme le lierre qui dégrade les murs sur lesquels il s'étale, la Chronique grimpera à toute page du journal et couvrira tout, entrelacée d'annonces et de réclames, qui sont aussi de petits faits, mais de petits faits d'un grand rapport...

Alors, plus de doctrines sur rien, développées ou soutenues (à quoi cela servirait-il ?...), mais des cancans de club ou de coulisses, des indiscrétions de vie privée ou de chambre à coucher, — et comme la Médisance elle-même tend à mourir dans cette société aplatie de tout, même de bec, on priera messieurs les domestiques de laisser voir les appartements des gens riches ou célèbres, et nous aurons des descriptions de commissaires-priseurs et des inventaires ou des mémoires de tapissier. Ce sera beau ! Quel plaisir et quel orgueil de vivre en ce temps-là ! Progrès ineffable ! Les journaux à un sou auront baissé! Il y aura des journaux pour rien qu'on vous donnera dans la rue, qu'on poussera brutalement dans votre poche quand vous dédaignerez de les prendre, comme ces annonces de chapelier qu'un homme payé pour cela vous tend parfois sur la voie publique, à l'angle des carrefours, comme une escopette. Au fait, c'est l'escopette du commerçant! Alors encore... qui sait? il y aura peut-être un spéculateur, un Millaud plus inventif et plus fort que les autres, qui, au lieu de donner un journal pour un sou avec ses chroniqueurs et ses chroniques, armes et bagages, état-major fort cher, le tout pour un sou!! donnera un sou pour qu'on prenne le sien...

Et ce ne sera pas assez cher! ou... ce le sera trop!

LES BAS-BLEUS

7 février 1866.

I

Prenez garde!... Il faut l'adresse de Mme Saqui, dansant sur sa corde, pour se risquer à en parler... Ils sont prépondérants... Les Mœurs, ces sottes bêtes, n'en rient plus et, seuls, quelques moralistes, incorrigiblement gais, en rient encore... Ridicule accepté ou qui va l'être, ils seront peut-être demain une institution.

Ah! depuis Addison, qui écrivit, je crois, le premier, dans son *Spectateur*, ce nom de Bas-bleus, devenu maintenant une injure pour l'amour-propre de ces dames et qui sera prochainement remplacé par un compliment, les Bas-bleus ont marché, comme des bottes de sept lieues! Ce n'est plus, comme du temps d'Addison, un petit club de péronnelles beaux esprits dans un coin ignoré de Londres ; un petit club dans ce pays du Club, où, dès qu'on est trois, on en fait un ; où l'on en fait pour boire du thé et pour siroter son Porto, car, en Angleterre, on a jusqu'au *Club des siroteurs!* Ce n'est plus cette imperceptible poignée de pédantes à qui ce doux et innocent Addison a prêté des bas de la couleur qui lui a plu, car elles n'ont jamais relevé leurs robes pour qu'il pût en juger, ces prudes femmes du pays de la grande Pruderie, du pays de la Haute Hypocrisie, qui a inventé et accepté la virginité d'Elisabeth ! Non, corbleu! (c'est le cas de le dire !) les Bas-bleus ne sont plus seulement cela. Ils ont produit, quoique bréhaignes, ils ont multiplié, comme s'ils avaient été bénis !

En deux siècles, comme les chrétiens de Tertullien, ils se sont répandus partout ; ils ont tout couvert, ils ont tout rempli. L'encre a monté... flot sur flot. L'encre de la *petite vertu*, de la très petite aussi. Les Bas-bleus n'ont plus été particuliers à l'Angleterre. Ils ont été Européens, — ils ont été Américains et ils deviendront Asiatiques, mais plus tard. En Asie, la paresse du harem et le manque radical d'orthographe (Dieu soit loué !) leur résiste un peu... Et quel changement dans leur tenue ! Allons donc ! des bas bleus ? Vous êtes bien... Addison, si vous vous imaginez qu'ils en portent !

Vous pouvez me croire, moi qui ne les flatte pas, et je vous en donne ma parole d'honneur. Ils ne mettent plus, malgré leur nom, le classique bas bleu sur leurs jambes indifférentes... D'abord, leurs jambes ne sont jamais indifférentes... Non, ils n'ont plus cette orde affectation de s'encuistrer la jambe dans un bas bleu de savant ou de bel esprit négligé qui méprise les choses de la matière, même quand elles sont (ô vilain homme!) de la soie rose sur de la chair rose! Ils ont laissé là, parfaitement laissé là les bas à l'envers de La Fontaine, les bas triboulés ou crottés de Colletet. Comment donc! Je connais des Bas-bleus pour l'heure — et des Bas-bleus sterling! — qui portent très bien des bas roses. J'en connais qui, de leurs anciennes chausses bleues, n'ont gardé que des jarretières lilas. J'en connais enfin qui, s'entortillent dans la robe de velours (bleu, il est vrai) et les guipures de la princesse de Cadignan... Addison l'ingénu, lui-même, Addison-Grandisson y serait pris comme Daniel Darthès. Ils l'encapuchonneraient et l'emmitoufleraient dans cette robe, et si bien (c'est encore le cas de le dire!) qu'il n'y verrait plus que du bleu!

Eh bien, cependant, — rien n'y fait et rien n'y fera, société décadente, ridicule effacé, manége de femmes, bassesse des hommes! — ces Bas-bleus, à la veille d'être souverains, ces Bas-bleus savonnés, lavés, passés au blanc forcé de toutes les élégances, ne pourront pas effacer l'odieuse petite tache bleue, qui restera bleue sur leur cou-de-pied, comme l'atroce petite tache rouge est restée rouge sur la main de lady Macbeth, et toutes les crèmes de lys n'y feront que de l'eau claire! Elle restera. Ce sera un tatouage à perpétuité! De quoi les hommes ne sont-ils pas capables? Ils diront peut-être que *cela fera mieux, comme cela,* aux femmes qui la frotteront, cette petite tache, pour la faire disparaître, mais elle restera!

II

Et ce sera justice. On ne donne pas impunément un démenti aux lois éternelles de ce monde, à l'Ordre divin, à la Hiérarchie, à la Nature, à la Société et à la Grâce, — la grâce *en soi* et la grâce *de soi!* Je connais un vieux moraliste, que je vous citerai souvent, qui dit très bien que « les soufflets qu'on donne à l'Ordre sont des coups de poing qu'on en reçoit » et que cela fait de fiers *bleus,* mérités et ineffaçables! Les Bas-bleus en attrapent leur part, ce qui ne change rien à leur uniforme, car les Bas-bleus, c'est la révolte femme. Non pas la révolte au sérail qui pourrait être amusante dans nos moments turcs, et nous avons tous des moments turcs dans la vie; mais c'est la révolte chez nous, dans la maison et la famille chrétiennes; c'est l'insurrection de la femme contre sa fonction même, et cela cesse très vite d'être amusant, même pour le chrétien qui n'est pas chrétien! Nées pour faire des enfants et pour les élever, — pour leur apprendre à prier Dieu, — disait Joseph de Maistre, — et à ne pas craindre le canon, les femmes qui se font Bas-bleus aiment mieux écrire de méchants petits livres ou des chefs-d'œuvre, — ce qui est plus rare, — que de créer de beaux enfants sans savoir comment, lesquels pourraient si aisément devenir des hommes aimables ou des héros, dans leurs charmantes mains! Physiologiquement homme impossible, le Bas-bleu prétend l'être malgré la loi qui le fait femme de pied en cap, le cap compris. Le Bas-bleu ne veut pas que le cap soit jamais compris! Il veut du génie à tout prix. Il veut, comme un enfant gâté, de cette lune, et pour en avoir, que de grimaces! Des grimaces à le faire coucher!

En France, — ce pays du bon sens... qui passe et de la grâce... qui s'en va, — en France, les femmes ne commencèrent que tard à avoir ces laides fantaisies. C'était dans le XVIIe siècle. Molière était là qui les aimait, lui, le pauvre cœur brisé par elles, mais qui précisément parce qu'il les aimait et qu'il les voyait ridicules, leur partit au nez de ces deux formidables éclats de rire : *les Femmes savantes* et *les Précieuses !* Or, à quelque époque que ce soit, comme les femmes ne sont jamais très courageuses contre le rire qui les déconcerte et qu'elles lui préfèrent l'enthousiasme, qui ne les déconcerte pas, les *Cathoisantes* du XVIIe siècle eurent leur petit pathos, coupé par le grand rire de Molière, et elles se turent et se tinrent tranquilles pendant quelque temps. Mais plus tard, au XVIIIe siècle, en ce siècle de toutes les émancipations, l'envie de la lune, déjà désirée, leur revient, cuisante. Elles voulurent regoûter à leur chimère. Le Bas-bleuisme allait-il naître ?... Mlle de l'Espinasse est un bas de feu bien plus qu'un Bas-bleu, et Mme du Deffand, l'adorable ennuyée, qui n'y voyait goutte, ne put jamais savoir de quelle couleur étaient ses bas ; mais la Du Châtelet de Voltaire, cette pécore mathématique et amphigourique, fut le type du Bas-bleu parfait, tel qu'il se cultivait lui-même en Angleterre, et tel que nous l'avons vu pousser de toutes parts, en pleine terre de France, à partir de Mme de Staël !

Car, j'en suis assez affligé pour elle, c'est Mme de Staël qui est vraiment la mère — *mater castrorum*, — des Bas-bleus français ! Avant elle, on les comptait, — baliveaux dans le raz du désert ! — depuis elle, c'est une forêt, on ne les compte plus. C'est

Mme de Staël qui leur a donné l'audace d'être. C'est elle qui leur a délivré des lettres de naturalité et fourni une possession d'état, en écrivant *Corinne*. Corinne poète, antiquaire, historien, critique, le diable Légion littéraire, et, en même temps, androgyne infernal, la solennelle et détestable diablesse de l'ennui ! Pauvre Mme de Staël ! Avec son esprit qui était presque du génie, de ce génie qui pourrait brûler dans sa flamme le ridicule s'il voulait naître ! avec son cœur, grand comme le monde, — ce qui est peut-être la raison pour laquelle tant de monde y entra, — Mme de Staël avait plus d'âme, de talent spontané, de vie, qu'il n'en faut pour être un Bas-bleu ou la mère Gigogne de tous les Bas-bleus de la génération présente. Elle en avait incomparablement plus à son petit doigt, — qui n'était pas très petit, — qu'à tout leur corps, les nombreux enfants qu'elle a faits. Oui, malgré cet affreux turban que les Bas-bleus de notre âge se garderont bien de porter, mais qu'elle immortalise, malgré son pied à la Samuel Johnson qu'elle chaussait de filoselle, hélas ! et qu'un soir de bal masqué, Rivarol reconnut comme « un piédestal », avec une flatteuse insolence, on ne comprendrait même pas qu'elle eût été un Bas-bleu, cette femme de tant de passion et de vérité, si on ne savait pas qu'elle était la fille de Mme Necker, un Bas-bleu pire qu'un Bas-bleu anglais, puisque c'était un Bas-bleu suisse, et si, dès douze ans, elle n'avait perché sur le cap Misène d'un tabouret, au milieu des philosophes du temps émerveillés, et qui laissèrent sur sa jeune tête l'influence de leur pédantisme! Qui eût pu résister à cela? Voilà ce qui doit être dit à la décharge de Mme de Staël! et pour l'expliquer, cette femme toujours femme, sous le turban, la filoselle, et le bas bleu; qui rêva toujours, au contraire des Bas-bleus, l'amour dans le mariage, et la beauté qu'elle n'eut jamais, et qui, tout Bas-bleu qu'elle pût être, n'a pas laissé du moins de théorie du *Bas-bleuisme*, comme les Bas-bleus concentrés qui lui ont succédé !

Et, de fait, voilà le progrès : c'est la théorie ! Mme de Staël n'est que Corinne. Or, Corinne quitte son écritoire, ses médailles, ses musées, toutes ses petites tribunes, à cette conférencière d'avant les conférences d'aujourd'hui, pour courir après l'homme qu'elle aime; et sans le dénoûment du livre où le Bas-bleu revient mourir *en position*, j'absoudrais et j'aimerais Corinne. Mais Corinne, c'est la poésie du Bas-bleu, et c'est la théorie qu'il faut connaître ! C'est dans la profondeur de cet azur, c'est dans le *foncé* de cet indigo, qu'il faut pénétrer. Qu'est-ce, en effet, après tout que Corinne et ses exhibitions intellectuelles, en comparaison de celles-là auxquelles nous assistons tous les jours? Corinne ne posait que le droit de Corinne à l'exhibition intellectuelle; les Corinnes d'à présent posent le droit de toutes les Corinnes, à tous les genres d'exhibition possible, c'est-à-dire de toutes les femmes de l'humanité. Il ne s'agit plus d'un pauvre livre, pondu discrètement par quelque esprit pudibond de femme timide. Ah! bien oui! il s'agit de cela! Toutes les manifestations de la Libre-Pensée les font pétiller de désirs! Il y a à la fin de *Corinne* (ici je parle du roman) une petite note, bien modeste, — un soupir! — sur le temps où l'on voyait en Italie les femmes professer quelque chose avec l'écharpe noire au cou; mais ce n'est plus un soupir maintenant que nous entendons, c'est une clameur, c'est un hennissement! c'est le bruit d'une charge (dans les deux sens du mot!). Il faut que la femme professe non pas quelque chose, mais toutes choses, mais quoi que ce soit! De même qu'il n'y a qu'une substance, selon le grand Hégel, il n'y aura bientôt plus qu'un sexe, et en attendant que l'identification des deux anciens s'accomplisse en bloc, elle se fera en détail, et voilà qu'elle commence! Nous avons présentement des *bachelières*, des *licenciées*, des *professeuses*, des *conférencières*, oh! acharnées, les *conférencières*, à poser le droit de *conférencer*, car la langue elle-même est victime de ces charmantes ambitions! On joue pourtant encore les *Femmes savantes* et les *Précieuses ridicules* au Théâtre-Français, mais Molière (dira-t-on un de ces jours, dans une conférence braquée par un Bas-bleu contre son génie), Molière n'est plus qu'un vieux Gaulois sans élévation, comme cet autre gueux de La Fontaine. Il manque d'idéal; et ce n'est pas seulement les femmes dont il se moque qui le disent pour se venger, — jugez la profondeur du mal par le comique de la chose ! — c'est M. Théophile Gautier qui a fait un jour ce procès à Molière, M. Gautier, comme vous savez, une élévation à perte de vue, un pur idéaliste, un éther !

Ainsi, vous le voyez, les Bas-bleus ne font pas scandale, en faisant école. Les hommes disent comme eux et vont à leur école. Libertinage intellectuel ou autre ! Ils trouvent *gentil* ce mélange de sexe où déjà on ne se reconnaît plus. Byron, qui a fait une comédie : « *les Bas-bleus* » qu'on ne lit plus guère, se moquait de Mme de Staël, quoiqu'il l'aimât pourtant. Napoléon l'a dédaignée. Mais les petits Français de 1866, qui ont des Madame de Staël d'un bien autre bleu que la madame de Staël du premier Empire, n'ont, eux, ni dédain, ni moquerie. Que dis-je ! Ils sont tout prêts à avoir **de** l'admiration ! A leur sens, le Bas-bleu n'est plus le Bas-bleu. C'est un vieux nom qui ne convient plus aux mœurs nouvelles. Trouvez un nom qui convienne mieux ! En effet, qu'est-ce que ce petit nom fané de Bas-bleu peut dire maintenant, quand on a passé par la tunique barbeau de la femme libre de Saint-Simon, la redingote de velours noir de M. George Sand (par parenthèse, une aristocratie, cette redingote), par la blouse américaine, qui détrônera la crinoline, et, qu'en attendant, on fait des pointes dans les bottines lapis lazuli de Mesdemoiselles Benoiton, qui seront peut-être des bottes à l'écuyère demain !

Lauzun se faisait tirer les siennes par Henriette de Bourbon. Mais il n'y a plus de Lauzuns, dans cet âge qui n'est plus ni fat, ni frivole. Ce sont les Bas-bleus d'aujourd'hui qui seront les Lauzuns un jour et qui mettront leurs bottes, — tenez, permettez-moi le mot, — au derrière des hommes, pour leur peine d'avoir souffert qu'elles pussent en porter !

L'ABBÉ SOSIE

Mercredi, 24 janvier 1866.

Si vous ne le trouvez pas dans La Bruyère, c'est que du temps de La Bruyère il n'existait pas. Malgré son nom grec, c'est un produit tout à fait moderne, et nous seuls, nous, le XIXe siècle, et encore le XIXe siècle de ces dernières années, l'avons mis au monde, cet abbé Sosie.

Au temps de La Bruyère, il y avait bien déjà toutes sortes d'abbés qui ne réjouissaient pas précisément le cœur de la sainte Église Romaine et qui relevaient un peu du coup de lanière — cette discipline ! — du moraliste chrétien. Il y avait alors des abbés de cour et de ville, dont les mœurs commençaient à devenir légères, la science légère, l'orthodoxie légère. On était à la veille de ce XVIIIe siècle, qui, lui, ne s'en est pas tenu à des légèretés ! Il foisonnait et pullulait partout des abbés gallicans, des abbés jansénistes, des abbés quiétistes, des abbés scandaleux, qui tachaient tous, de leur indignité relative, le pur et grand clergé de France ; mais d'abbé Sosie, non ! il n'y en avait pas ! Parmi tous ces abbés, plus ou moins diables d'abbés, nul Sosie ! Son espèce, à celui-là, était absolument inconnue. Graine cachée qui devait lever dans l'avenir, et qui a si bien levé qu'incessamment nous pourrons dire mieux que « l'abbé Sosie », nous dirons « les abbés Sosie » !

Fils d'une époque qui a supprimé avec tant d'autres choses le vieil antagonisme de la ville et de la cour, l'abbé Sosie n'est donc ni de la cour, ni de la ville, ni d'aucune paroisse en particulier. Religieux d'un ordre quelconque, ou prêtre attaché à une église, il est aussi bien du clergé roulant que du clergé qui ne roule pas. Il n'est ni gallican, quoiqu'il pût l'être, ni janséniste, ni quiétiste, ces choses finies, ni scandaleux, cette chose qui peut toujours durer ! Que dis-je, scandaleux ? il est édifiant ! Pour ma part, je connais de braves gens que l'abbé Sosie édifie ! D'aucuns disent que c'est un grand clerc, — je le veux bien ; — qu'il a de la foi, — accordons-le ; — des mœurs, — je le crois, et même de la charité... Je vous attendais là ! C'est à la charité surtout qu'on reconnaît l'abbé Sosie. Seulement, la sienne n'est pas cette forte charité dont parle saint Paul, qui ne craint ni de châtier, ni de frapper, ni de blesser, quand il s'agit du bien des âmes ; mais, que voulez-vous ? c'est la charité de l'abbé Sosie !

« Qui va là ?... Hé ! ma peur à chaque instant s'accroît...
« Messieurs : ami de tout le monde ! »

Être « l'ami de tout le monde », parce que « sa peur à chaque instant s'accroît », voilà la charité et le vrai caractère de l'abbé Sosie, de ce héros sacerdotal du XIXe siècle ! Être « l'ami de tout le monde », voilà la visée de ce brave et sympathique abbé Sosie, comme c'était, il y a déjà bien des années, celle de son fameux grand-père, qui servait — vous savez ! — chez Amphitryon !

Et cette idée — une idée de famille, à ce qu'il paraît — le tient si dru présentement, notre héroïque abbé Sosie, qui, trop semblable à son aïeul, tremble pour sa lanterne et veut la préserver des coups, comme si ce qu'il prend pour une simple lanterne, que des polissons peuvent briser, n'était pas l'inextinguible flambeau du monde ! oui, cette idée le tient si dru qu'il s'est mis en train de tout faire, — et de se défaire lui-même — pour la réaliser ! Pauvre homme, d'intention excellente, mais troublé, affreusement troublé ! qui a pensé que le meilleur moyen, en ces temps difficiles, de se tirer d'affaire, lui et la Religion qu'il représente, était de multiplier les bonnetades et les baise-mains à ses ennemis,

... Messieurs, ami de tout le monde!

et de gratter et de diminuer, autant que possible, en sa personne, le sublime inconvénient d'être prêtre, quand on est prêtre au XIXe siècle!

Ah! quel poltron de prestolet, comme vous diriez peut-être, vous, Messieurs du *Nain Jaune*, qui êtes des philosophes; mais ce n'est pas moi, catholique, qui parlerai jamais avec cette irrévérence d'un abbé, quoique je sois bien pourtant forcé de convenir que l'abbé Sosie n'est pas tout à fait le hardi compagnon de prêtre que j'aurais voulu et que j'avais rêvé... Il est évident, en effet, qu'il n'a plus rien maintenant, s'il l'eut jamais, du vieux prêtre du Moyen Age, de cet immuable prêtre de l'Eglise Romaine, qui peut bien vous déplaire, à vous, Messieurs du *Nain jaune*, et à vos jeunettes philosophies, mais qui me plaît tant, à moi et à mon fanatisme attardé! Excepté peut-être le froc qu'il en a gardé, le froc, blanc, brun ou noir, mais dramatique, après tout, de cet imbécile Moyen Age, lequel réussissait mieux que nous dans le pittoresque, probablement en raison de sa puérilité, l'abbé Sosie s'est débarrassé comme d'une chose, suivant lui, dangereuse, de l'inflexibilité doctrinale qu'avait le prêtre et qui faisait l'autorité, la majesté et la puissance de son enseignement... autrefois. Le prêtre d'*autrefois*, — qui parlait encore au XVIIe siècle, — se contentait d'enseigner austèrement le dogme et la morale de l'Eglise, en cette langue catholique incorruptible, qui n'est pas la langue d'un siècle, mais de tous; sans se soucier de l'heure qu'il était au « cadran de l'Éternité », aurait dit Bridaine; sans se préoccuper d'autre chose que de l'intérêt des âmes et de leur salut; sans biaiser, ne fût-ce qu'une minute, avec les idées du temps, les passions du temps, les turlutaines du temps! Toutes choses, maintenant, sacrées et **répétées** parce que « les amis de tout le monde » sont venus! parce que l'abbé ou les abbés Sosie, qui soufflent, aspirent et ressoufflent tous les vents du temps et en parlent tous les jargons, veulent avoir au moins, comme feu Pantin, l'heur de vous plaire, s'ils n'ont l'heur de vous convertir!

Car voilà le but de ces Sosies, qui sont un et plusieurs, un type, un caractère du temps, un système! « Messieurs, ami de tout le monde! » c'est-à-dire, se faire écouter à tout prix, sinon de foi, au moins de dignité, se concilier les esprits qui ne se tournent plus du côté du prêtre, diminuer, ne fût-ce que d'un carat, l'impopularité du prêtre, dans un temps où nul homme n'est assez robuste pour porter, sans faire de lâchetés, le poids terrible de sa propre impopularité sur son cœur, voilà la tactique de ce profond abbé Sosie, qui peut avoir peur, en sa qualité de Sosie, mais qui n'en est pas moins finaud, en cette même qualité. Oh! je le connais bien ou plutôt je le reconnais bien, ce Révérend Père d'abbé Sosie! C'est le frère mendiant d'un Ordre nouveau qui tend à devenir immense, — les *quêteurs de popularité*, — et c'est aussi un parlementaire ecclésiastique qui pose que le prêtre, comme un autre, doit être habile, — que l'homme, ce fat! fait sur la terre les affaires de Dieu, — et qu'il est, ma foi, des moments où l'on devient Chinois en Chine et où le Père Bridaine, lui-même, s'il revenait, pourrait être très bien l'un des gymnastes de la chaire moderne, dans les intérêts de Notre-Seigneur Jésus-Christ! Ce n'est pas d'hier que sont venues d'ailleurs toutes ces idées à la cervelle du Père Sosie et qu'il leur obéit. Il y a longtemps qu'il a enfoncé son bonnet carré ou son capuchon (selon l'uniforme), et qu'il est parti à la croisade de la faveur publique, appelant ses ennemis ses amis, et congratulant tout le monde, obligé, pour être piquant et neuf, d'enfourcher toute *actualité* qu'il mène ou malmène, ou sur laquelle il se démène, que ce soit M. Renan ou M. Massol; allant toujours, allant toujours, ayant dans sa poltronnerie :

Qui va là ?... Hé ! ma peur à chaque instant s'accroît,

pourtant, une espèce de courage, car les Voltairiens

qui ne se gênent pas peuvent l'appeler « saltimbanque », et il va! et les autoritaires, les traditionnalistes et les durs peuvent lui flanquer aussi leur camouflet qui lui ferait plus de mal, celui-là, parce que ce serait un camouflet catholique, et cela ne l'empêche pas d'aller! Métaphysicien, quand le temps se tourne à la métaphysique; scientifique, quand il est aux sciences; littéraire, toujours, quels que soient le goût du jour et la couleur du temps, l'abbé Sosie, « l'ami de tout le monde », est prêt à tout et *tout à tous*, mais d'une autre manière que saint Paul! L'abbé Sosie fera, dans un sermon, de la philosophie comme on en fait à la Sorbonne, parce que Messieurs les étudiants, qui en suivent les cours, peuvent être là, et qu'on a vu, dans un coin de l'enceinte, l'œil de lièvre effarouché de M. Cousin; puis, après la philosophie, ce sera de l'histoire naturelle, comme M. Figuier dans son feuilleton, parce que nous sommes dans un temps fortement *animalier* et philanthropique, qui a créé la Société protectrice des animaux! Et, ce n'est pas tout, l'abbé Sosie nous sermonnera en langage plus ou moins littéraire, semé plus ou moins de vers entiers ou d'hémistiches tronçonnés de Lamartine, mis là, dans cette théologie, pour les femmes à sentiments et les Bas-bleus! Il n'y a que le Père Sosie pour citer des vers de Lamartine en présence du Saint-Sacrement, et les faire entendre aux échos d'une cathédrale étonnée ! Un jour, je n'en doute point, un de ces Carêmes prochains, un Père Sosie quelconque parlera spiritisme en chaire et y discutera M. Allan Kardeck. Massillon disait, avec le juste mépris d'un prêtre plein de Dieu, en voyant la bêtise des hommes impies : « Ils ne croient pas à Dieu, et ils vont chez la tireuse de cartes, » et il passait outre. Mais l'abbé Sosie ne passera pas outre : il discutera M. Kardeck.

Et pourquoi pas, du reste ?... pourquoi pas ?... Si le prêtre n'est pas l'homme surnaturel qui peut remonter le cours d'un siècle, ne faut-il pas qu'il le descende ? S'il ne domine pas son auditoire, ne faut-il pas qu'il ait servilement à le subir ?... Il y eut, au dix-huitième siècle, un certain abbé Poulle qui n'était pas un bien fier coq, et qui, s'étant laissé *chaponner* par l'esprit du temps, ne prêcha plus Jésus-Christ, ni sa croix, mais l'*affabilité*, la *politesse*, la *bienveillance*. Eh bien, cet abbé Poulle m'a fait toujours l'effet d'être l'oncle de notre abbé Sosie. Seulement l'abbé Poulle, plus innocent et plus paterne, dirait peut-être avec raison, de l'abbé Sosie, le mot des oncles : « Mon coquin de neveu. » Car l'abbé Sosie, il faut lui rendre cette justice, a furieusement renchéri sur le bonhomme Poulle et ses Rocamboles ! Il a autrement travaillé et retravaillé les passions et les goûts de ses auditoires. C'est un autre piocheur d'effets, que l'abbé Sosie !

On l'a vu, lui, dans toutes les occasions, faire preuve d'une véritable audace... d'amabilité (sa seule audace !) pour son public, ne lui servant que les plats qu'il aime, s'ingéniant à ne lui parler que de ce qui lui est agréable, à ce vieux maître respecté de public, si facile, d'ailleurs, à toute exhibition, qu'il y en ait une n'importe où, — à l'Académie ou au Théâtre, à l'Église ou à la salle Valentino !

. . . .

Ridicules du temps que tout cela, — ridicules du temps et si bien du temps, et si passés et si fondus dans les mœurs du temps, que personne n'a protesté contre les abbés Sosie, et que, pour comprendre le burlesque de tous ces ridicules du temps, il faudrait sortir, au moins par la pensée, de l'heure présente.

Voulez-vous que nous en sortions ?...

Tenez, supposez que saint Augustin, saint Bernard et Bossuet, Bossuet qui s'appelle Bénigne et qui n'était pas tout à fait aussi bénin que l'abbé Sosie ni de la même bénignité, revenu au monde tout à coup, entrassent dans une cathédrale un jour qu'un abbé Sosie y prêcherait... Vous figurez-vous l'étonnement de ces trois grands hommes en écoutant la prédication à la mode de notre moderne et délicieux abbé :

« Messieurs, l'ami de tout le monde ! »

et cela, seulement, figurez-vous-le par la pensée, et tout sera dit! et vous aurez alors la juste mesure d'un ridicule qui peut faire rire, — mais qui, lorsque l'on aime l'Église et ses prêtres, — peut aussi cruellement affliger !

LES MARCHANDS DE RUBAN

I

Ç'a toujours été là un bien joli commerce, — un commerce bien charmant, bien fringant, bien pimpant, bien plaisant que ce commerce de ruban ! De toute éternité, dans tout pays, à toute époque, on a bien accueilli, presque fêté, très bien payé, les marchands de ruban, depuis le colporteur dans les villages, — ce vieux type primitif et vagabond que Walter Scott a mis dans ses romans et le poète Wordsworth dans ses vers, — le colporteur, cet humble mercier pédestre, à la mallette au dos, à l'aune à la main, à la fleur à la bouche, cueillie en passant sur la haie, vendant ses rubans aux jeunes filles, pour leurs corsages et leurs cornettes, jusqu'à cet autre type, moins primitif et plus actuel, du haut commerçant en rubanerie, soierie et mercerie d'un genre supérieur, qui, secret comme un contrebandier et mystérieux comme un diplomate, traverse l'Europe en voiture, ses malles pleines des plus somptueuses zones de ruban dont il orne, — moyennant écus, — les boutonnières, les cravates et même les abdomens des hommes, qui se veulent importants comme les femmes se veulent belles, — car, dans ce goût exalté de tout le monde pour le ruban, — caractéristique de notre âge, — on n'en fait pas seulement des « *suivez-moi, jeune homme !* » on en fait des : « suivez-moi, tous ! »

Et tous suivent! C'est la mode. Le ruban est obéi, ma foi! C'est par là que le monde se mène. Délicieuse bride en soie qui a la solidité de l'acier! Les Indomptés eux-mêmes, les consciences sauvages, les consciences du steppe, finissent un jour par se la laisser passer tout doucement, et piaffent voluptueusement, et caracolent de l'avoir. Et tant mieux, du reste! Gracieuse, heureuse et puissante ressource pour les gouvernements que j'aime et qui, dans mes idées à moi, n'ont jamais trop de force à eux. Le moraliste pusillanime qui pourrait s'étonner de cela ou s'en plaindre, ne connaîtrait ni l'Humanité, ni l'Histoire! Ah, certes! ce n'est pas l'amour légitime du ruban qui peut m'étonner, quand les gouvernements le donnent, mais c'est l'illégitime ardeur qu'il inspire encore, quand des Industriels sans patente, affectant d'être du dernier bien avec toutes les chancelleries de ce globe, osent impudemment le vendre tant le mètre... à des Comiques de vanité, qui ne craignent pas de l'acheter !

Car, ils trouvent pratique, ces honnêtes marchands ! Ils trouvent pratique en plein xixe siècle, dans ce temps de mâle démocratie, où les mœurs publiques sont à l'envers des prétentions ! Ils sont même particuliers à notre siècle, ces négociants nouveaux en rubanerie. Avant notre siècle et la Révolution française, faite, comme on sait, pour que ces messieurs pussent naître et s'établir, il n'y avait point de cette espèce de rubaniers ! J'ai lu bien des mémoires du temps, mais je ne me souviens pas d'avoir vu que sous Louis XIV et même Louis XV, où une actrice mettait par terre le cordon bleu du duc de la Vallière devant elle et lui disait : « Agenouille-toi là-dessus, vieille ducaille ! » il y eût des industriels, se donnant des tournures politiques, qui vendissent du cordon bleu ou du cordon noir aux messieurs Jourdain de l'époque. Pour cela, il fallait les Jourdain de la démocratie, ces Jourdain bien plus râblés que l'autre, et qui attendent leur Molière toujours.

II

Oui, pour voir cela, il fallait voir le XIXᵉ siècle ! Je sais bien que dans ces derniers temps, les gouvernements, pour leur compte, se sont un peu lassés de le voir. Les gouvernements se sont mis sur le pied de gêner l'essor de ce brillant commerce de rubanerie de contrebande. Mais le marchand n'est pas mort pour cela. Il s'est éloigné, il s'est effacé, il est devenu plus rare, il n'a plus étalé sa propre marchandise sur sa propre personne. Il ne s'est plus pavoisé lui-même avec les rubans qu'il vendait ! Mais allez ! un jour, il reparaîtra à ses risques et périls, mais il reparaîtra plus éclatant, plus bariolé, plus arc-en-ciélé que jamais. Il reviendra, du fond des mœurs elles-mêmes, ses complices, qui se moquent bien des institutions et des législations, quand les législations et les institutions ne s'accordent pas avec elles. Nous le reverrons comme nous l'avons vu, dans toutes ses splendeurs, quelques années avant l'Empire, car ce fut le temps où les rubaniers brillèrent et s'épanouirent, alors que la démocratie coulait à pleins bords, comme dit une vieille phrase maintenant coulée, et que nous avions fait une dernière rafle de ces imbéciles distinctions sociales, dont l'imbécillité ne nous empêche pas d'être fous! Je ne l'ai jamais vu plus beau. Il s'appelait alors le marquis de P., de Psitt, de Paf, de Pan, de Preust, de Pouff, comme il vous plaira, quoique je crois bien que c'était Pouff qui était son nom véritable. En effet, il était marquis, ce marchand de rubans, comme il était aussi marchand de merlettes, faisant dans l'un et l'autre bric-à-brac, et il avait des armes superbes, que je ne vous décrirai pas, car vous pourriez les reconnaître, et qu'il eût portées volontiers sur son dos, sur son ventre et sur son derrière, comme les Hérauts en dalmatique qui s'en pavanaient autrefois. Marquis de haut problème à qui l'alphabet appartenait comme à Aventuros Casanova! Il n'en avait ni les mollets, ni les jarrets, ni la force d'Hercule, mais l'impudence, le front de bronze et le geste italien. Excepté l'aunage de son ruban, qu'on connaissait, on ne savait ce qu'il était, d'où il sortait, et ce qu'il faisait dans le monde. Seulement, il était apparent que c'était un de ces romans d'hommes qui ont roulé comme un cerceau sous la baguette de chaque événement. Il avait, disait-il, — mais que ne disait-il pas ? été avocat, abbé, militaire, diplomate ; il tutoyait tous les souverains de l'Europe, et il avait frayé avec toutes les archiduchesses. Il avait gagné toutes les croix qui peuvent tenir sur un habit, depuis la croix de l'Éléphant blanc jusqu'à celle de Saint-Etienne de Hongrie que je lui ai vu porter, un jour, sur un gilet qui resta impassible, ma foi! comme si ce ruban, si rare, avait eu réellement là son domicile légal! Ce marquis universel était docteur en droit, docteur en médecine, docteur ès lettres, docteur ès sciences, docteur en théologie, docteur *in utroque jure*, et *in utroque mendacio*. Il s'était battu à Novarre, morbleu! à la tête d'une compagnie de Croates; il y avait été blessé et il mettait pour vous le prouver la main sur le bouton, comme Mascarille.

Il avait pendu, comme Trois-Échelles dans *Quentin Durward*; insurgé la Suisse calviniste avec un chapeau vert de Tyrolien et de grosses bottes à l'écuyère, — des bottes de postillon dans lesquelles il buvait du champagne comme quatorze Polonais; — ce qui ne l'empêchait nullement d'être le confident du général des Jésuites, qui parlait moins de langues que lui, quoique en ce temps-là il en parlât dix-sept. C'était enfin le rival heureux du Roi de Bavière, l'amant de la fameuse Lolla Montès, qu'il avait traînée à la queue de son cheval par toute l'Europe, malgré l'assurance qu'elle donnait, elle! de l'avoir fait richement bâtonner par ses grooms! D'âge, il n'en avait point, comme Cagliostro. Il restait assis entre trente et quarante depuis une éternité, et il portait des moustaches à la Sbrigani, retroussées jusqu'aux tempes, et une figure à la Callot, allant à la maraude, en compas, sur les jambes noires de Scaramouche, le tout roulé et *circomvoluté* dans des révérences de petit abbé, saluant un membre de la prélature romaine !

Type miraculeux d'un temps qui n'en a pas beaucoup de pareils, mais qui a eu celui-là ! De tous les marchands de ruban que j'ai connus, de tous les vendeurs de blason, de tous les distillateurs de brevet avec les noms en blanc et revêtus de signatures illisibles, c'était, disons-le, le plus magnifique et le plus pittoresque ! Il marchait là terre du Seigneur, cette vile terre, que Dieu décore comme il peut, toutes les décorations de l'univers dans ses poches à portefeuille, et cela lui étoffait une majestueuse poitrine à la prussienne et le rendait toujours prêt, quand on lui faisait une politesse, à riposter par une décoration ! Je l'ai vu sublime, en ces répliques ! Un soir, entre autres, après un souper héraldique où il avait créé je ne sais combien de barons et de comtes (comme dit Rabelais, *équivocquez !*) on l'arrêta sur le trottoir, pour trop de gaîté, et il fut conduit au poste de la garde nationale de la rue Jocquelet ; mais il en sortit, acclamé et triomphant, par la force des décorations qu'il avait toujours prêtes, en poche.

Il les avait tous décorés !

Ah ! le roi, l'idéal, le dieu de cette race de marchands de ruban inhérente au XIXe siècle, c'était lui ! Pourquoi faut-il qu'il ait disparu devant les irrespectueuses polices de la terre, et que, comme le fils d'une nuée et d'une licorne, il se soit évanoui ?...

III

Hélas ! je ne sais que trop pourquoi il est parti, cet homme incomparable, mais croyez bien qu'un jour ou l'autre il reviendra. Il a l'expérience de cette agréable terre de France où, un instant, il fit de si brillantes et de si commodes affaires, et il y reviendra avec le prestige d'aventures nouvelles, de nouveaux brevets et de nouveaux rubans ! Et pourquoi ne reviendrait-il pas ? Est-ce que la difficulté de s'en procurer n'a pas augmenté la valeur de sa marchandise ?... Est-ce que la fringale du ruban, tout ce temps acheté à tout prix, mal acquis sans que personne le sache, mais qui n'en est pas moins le ruban, est-ce que cette maladie des sociétés égalitaires, qui meurent de ce qu'elles ont voulu, n'est pas toujours en permanence, nous dévorant jusque dans la moelle de nos vanités ?... Est-ce que les rubans, ces signes extérieurs qu'on emporte avec soi, — et justement parce qu'ils sont les plus extérieurs, — ne sont pas les plus ardemment désirés, les plus furieusement convoités, ne passent pas même avant les titres dont nous nous permettons pourtant d'être si friands, et que nous ne détestons que chez les autres, et cela justement parce que les rubans sont plus visibles à l'œil nu, et que si tout le monde n'a pas un panneau de voiture pour y camper ses armes, tout le monde a une boutonnière pour y mettre son bout de ruban ?... Est-ce, enfin, que nous ne sommes plus le peuple charmant qui, fût-il plus philosophe qu'il n'est et plus méprisant des décorations *pour elles-mêmes,* ne les adorerait pas les jours de bal, comme une ressource de toilette ?... Voyons ! est-ce que nous ne serions plus tous (tous plus ou moins) les Benoîtons traditionnels des décorations étrangères ?..... Ah ! rassurez-vous donc, marchands de rubans, votre fortune n'est pas défaite... Vous avez toujours votre industrie, — des dangers peut-être, — mais des profits certains ! Et vous, marquis de P... de Psitt, de Paf, de Pan, de Preust et de Pouff, nous pourrons vous revoir *opérer* encore !

Il y a quelque chose de plus fort que la démocratie française, — c'est la vanité française, et *ceci* pourrait bien tuer *cela !*...

LA BÊTISE

DE LA

LITTÉRATURE DRAMATIQUE

I

Ils ont joué cette semaine, au théâtre du Gymnase, deux pièces nouvelles en un acte chacune, — le *Wagon des dames* et les *Sabots d'Aurore;* mais, franchement, je crois qu'il y aurait pédantisme à moi si j'appuyais sur ces chosettes, dont l'une est une farcette, et l'autre, une sentimentalerie niaisette.

La farcette est de M. Clairville et de M. Octave Gastineau. La sentimentalerie niaisette est de M. Raymond Deslandes, l'auteur du *Tourbillon* (dissipé maintenant, le *Tourbillon!*), et de M. Busnach, qui, m'a-t-on dit pour son excuse, est fort jeune et que j'engage fortement à vieillir... Eh bien, parole d'honneur et la main sur la conscience! il n'y a point de compte à rendre ou de critique à faire de ça, car positivement, à aucun point de vue de littérature, d'observation et même de plaisanterie, ça n'existe... Et quoique j'aie pris à ma charge, pour en parler quand il le faudra, le Gymnase, cette bonbonnière de fausse écaille, où les bourgeois trouvent du *nanan* intellectuel à leur usage, si je me permettais d'être sérieux seulement deux minutes à propos de besognettes comme celle-ci, — tirée à quatre auteurs cependant, car les malheureux s'y sont mis à quatre! je ressemblerais à l'honnête Emphatique de la Fable, qui demandait la massue d'Hercule pour tuer une puce... quand il suffisait de deux doigts!

Mais si je ne parle ni ne veux parler de ces piécettes, qui sont les puces de la littérature théâtrale, et qui, comme les puces, pullulent surtout l'été, quand les directeurs de spectacles croient pouvoir tout faire accepter et avaler à un public hébété de chaleur et qui se laisse dévorer, non sans se plaindre, — il ne serait alors que résigné, — mais comme s'il jouissait, le vieux drôle! je veux au moins profiter de l'occasion de ce *Wagon des dames* et de ces *Sabots d'Aurore* que les Romains du feuilleton du lundi vanteront peut-être demain, pour examiner une petite question que le succès *souffert* de pareilles inanités pose une fois de plus à mon esprit embarrassé. Pourquoi, de toutes les bêtises de l'esprit humain qui réussissent, toutes, plus ou moins, dans ce charmant monde, — c'est leur destinée, — la plus heureuse, la plus insolemment heureuse, est-elle la bêtise de la littérature dramatique ?...

Point de doute que pour les moralistes, il ne soit intéressant et peut-être même utile d'agiter un peu ce problème-là.

II

De tous les problèmes, en effet, le plus mystérieux, le moins compréhensible et cependant le mieux posé pour qu'on le voie, c'est ce bonheur de la Bêtise, de la Bêtise telle quelle, de la Bêtise en soi, et quelle que soit l'œuvre où elle se manifeste, — qui est certainement un des secrets les mieux gardés de la Divine Providence, car pour le fait, il crève les yeux ! Malgré le nom compromis et compromettant qui l'exprime, la Bêtise n'en est pas moins la reine du monde, qui triomphe du monde et qui lui plaît, comme une reine qui sait suffisamment s'encanailler. Du temps de Pascal, c'était l'Opinion qui était cette reine Canaille du monde ;

mais l'Opinion et la Bêtise sont si souvent une seule et même chose, qu'il pourrait bien n'y avoir rien de changé au temps de Pascal. La Bêtise, la profonde et inexplicable Bêtise, ce gond de l'univers sur lequel tout tourne, les sots eux-mêmes en sentent la puissance au fond de leurs âmes, si âmes ils ont! — ce qui fait doute. — Tout sots qu'ils sont, ils ont conscience de la faveur de cette étoile. Pas plus qu'au siècle dernier un sot immense, — un sot de Suisse, ce qui n'est pas peu dire, et qui est même un sot historique, car il fut acclamé pendant quelques jours comme le plus grand ministre ne le fut jamais, par les sots politiques de son temps, — Necker, *puisqu'il faut l'appeler par son nom*, quoiqu'il n'ait pas l'honneur d'être la peste, écrivit sans talent, pour rester lui-même, un livre dont l'idée était d'une piquante justesse. Il s'appelait : *le Bonheur des sots*. Le bonheur des sots! Necker pouvait en parler. Il connaissait le sien. Le bonheur des sots! Il n'y a que les gens d'esprit, qui sont des fats, qui ne s'en doutent guère. Il n'y a que les gens d'esprit qui ne s'aperçoivent qu'à la dernière extrémité de la chance des imbéciles, et en littérature, la Critique elle-même, la Critique qui y répugne d'abord, a beaucoup de peine à reconnaître cette gracieuse loi du monde, qui lui paraît au premier coup d'œil impertinente, de la difficulté du succès pour tout ce qui est talent et génie, et de sa facilité des plus aimables pour les sottises et pour les sots !

Mais, quoi qu'il coûte, il faut bien en convenir ! il faut bien s'y résoudre ! Les faits et les œuvres sont là. Cherchez, si vous voulez, dans l'histoire littéraire, n'importe à quelle place, un succès facile et franc, — un succès *enlevé*, comme on dit — par une œuvre forte, et enlevé par la seule force intrinsèque de cette œuvre. Cherchez ! Vous ne le trouverez pas. En thèse absolue, le monde, quand un homme de talent lui jette au nez une œuvre forte, la regarde avec ses yeux de bœuf étonné qui n'ont pas été taillés pour voir le génie ; et si la perception s'en fait un jour dans son crâne épais et fermé, il faut que les connaisseurs l'aient longtemps frappé de leur admiration, entre les cornes ! Ah ! combien de temps les pauvres hommes de génie sont-ils obligés d'attendre leur gloire ! Combien de temps Milton attendit-il la sienne ! Combien de temps Dryden et Pope primèrent-ils Shakspeare ! Pradon, Racine ! Racine qui devait passer comme le café, disait cette caillette de Mme de Sévigné, et qui, en effet, a passé comme le café, mais pas autrement ! Que s'il y a des exceptions à cette loi de l'attente, méchante et cruelle au génie ; que si l'on peut citer de loin en loin quelques gloires subites dans l'histoire littéraire, c'est qu'il y a eu, croyez-le bien ! sous l'œuvre même, la capsule de quelque circonstance qui s'est enflammée et qui a tout à coup fait tout éclater. C'est que le succès enlevé ne l'a pas été par la force de l'œuvre seule, mais à la force de quelque honteux poignet, caché dans l'ombre. La haine des prêtres a fait flamber électriquement *Tartuffe*. La haine de l'Ancien Régime et la fureur contre ses abus a couronné de lauriers de flamme, poussés en un soir, le triomphant *Mariage de Figaro !* En temps ordinaire, si ces œuvres n'avaient eu pour elles que le génie dont elles sont empreintes, elles auraient attendu piteusement leur tour d'audience, dans l'antichambre de la Postérité. Est-ce qu'hier encore, par les temps dont nous sommes si fiers, Eugène Sue, parce qu'il avait écrit, à l'usage des partis et de leurs passions, les *Mystères de Paris* et le *Juif-Errant*, n'était pas placé au niveau de Balzac et même au-dessus ?... Est-ce qu'encore à l'heure où nous voici, Mme Sand n'est pas mise par beaucoup d'esprits tout à côté de ce grand homme, derrière lequel il faudra bien qu'elle passe et se tienne désormais, comme une humble marcheuse à pied sur la route où elle a été dépassée par la chaise de poste qui brûle le sol et va toujours ? Est-ce que Balzac, honoré des mépris du *Constitutionnel* pour ses sublimes *Parents pauvres*, que la Rédaction en chef voulut interrompre sur les réclamations des abonnés, eut jamais, pendant toute sa vie, des rocamboles de succès et des succès

de Rocambole, comme M. Ponson du Terrail?...
Enfin est-ce que Molière, lui-même, puisque nous
allons parler de théâtre; Molière, l'auteur du *Misanthrope*, du *Tartuffe*, et le protégé du grand roi,
qui était toute l'opinion du temps de Molière, eut
jamais, même pour *Tartuffe*, cette *pièce* de canon
de sa gloire, autant de représentations, par exemple, que, de nos jours, M. Sardou pour sa *Famille
Benoîton*?

III

C'est que le Théâtre, inférieur à la Littérature
pour dix mille raisons tirées de son essence même,
et qu'un jour, ici, nous déduirons, est plus en rapport que toute autre espèce de littérature avec cette
opinion du monde qui fait le succès facile aux médiocres et plus facile encore aux sots! Le Théâtre,
qui s'adresse directement, rectangulairement à la
foule, à ses cinq sens, à ses instincts grossiers, à
son ignorance, à ses passions basses, à ses idées
forcément communes, présenterait d'épouvantables
difficultés, dont on ne se tirerait jamais sans un véritable et spécial génie, si on en voulait réaliser la
notion élevée; mais il n'en présente aucune, au
contraire, si cette notion élevée du Théâtre ne

préoccupe plus ceux qui en font. Quoi de plus facile à concevoir, en effet? Pour toute autre espèce de littérature, quelle qu'elle soit, romans, critique, histoire, philosophie, vous n'avez que vos propres forces intellectuelles, votre propre talent et vos propres idées, selon ce qu'elles valent, à faire accepter au public, assis et rassis, qui vous juge, qui vous prend et vous reprend, à son aise, à sa volonté, dans le silence du cabinet, dans le sang-froid de la réflexion, dans toutes les aptitudes et les attentions de sa pensée. Terrible épreuve, qui doit faire se tendre et s'efforcer toutes les articulations de l'esprit d'un homme! Au Théâtre, rien de pareil. L'esprit n'est plus là glorieusement réduit à ses seules forces personnelles. Il a, de partout, des auxiliaires nombreux qui le soutiennent et qui le portent. Il a la scène et son spectacle, le décor et son prestige, l'acteur et son jeu, l'actrice et sa beauté (car l'auteur dramatique va jusqu'à compter avec cela), toutes les puissances de l'illusion et de la perspective, et la contagion de l'impression dans une seule salle, sur laquelle on agit par tant de moyens combinés, et jusqu'à l'impossibilité de rattraper des applaudissements surpris, donnés d'entraînement, et dont la réflexion a vainement honte une fois qu'on les a donnés! Il est évident que la médiocrité de l'esprit, dans un tel milieu, est plus à son aise qu'elle ne le serait s'il fallait construire un livre quelconque pour un public, individuel et solitaire, qu'il est impossible d'opprimer. Or, si déjà la Médiocrité et la Sottise sont trop souvent tentées de toucher au livre, malgré son imposante difficulté, je demande si elles ne seront pas bien plus tentées encore de toucher à l'œuvre de théâtre, qui tente déjà par tant de côtés que n'a point le livre : le physique du succès, le bruit du succès, la vanité du succès, le rapport d'argent du succès ! Je demande si cela seul, n'y eût-il que cela, n'expliquerait pas la supériorité de la bêtise de la littérature dramatique, quand elle est bête, sur toutes les autres espèces de littérature, lorsqu'elles le sont ? Seulement, il nous resterait toujours à savoir pourquoi la bêtise de la littérature dramatique a sur les autres bêtises littéraires la suprématie du bonheur ?

Mais comment ne l'aurait-elle pas ?... Le succès d'un livre peut ne pas durer. La bêtise, la benoîte bêtise, qui joue un si grand rôle, pour des causes connues de Dieu seul, dans les choses du monde et même dans ce qu'on appelle la sphère de l'esprit, peut finir, au deuxième, au troisième, au quatrième regard, par apparaître enfin dans un livre où elle avait, à de braves sots, paru charmante ! Mon Dieu, oui ! un matin ou un soir, après des mois ou des années, en ouvrant ce livre où elle est toute seule, cette bêtise, dans son aimable *naturalibus,* la voilà qui se lève d'entre les pages où elle se tenait tapie comme un cloporte écrasé, et qu'elle émerge, comme la lune, plate, ronde, large et froide... comme la lune, cette niaise, cette Jocrisse du ciel ! On s'aperçoit que c'est une bêtise, — une bêtise de la plus belle espèce, — une bêtise pommée comme un chou. D'aucuns s'en doutaient bien un peu ; les esprits difficiles, ces gueux d'esprits qui n'approuvent rien. Mais voilà que la chose devient claire pour tout le monde. C'est fini... l'auteur de cette superbe bêtise est toisé ! Telle la chance que nous garde un livre, à nous qui trouvons très fâcheux que les bêtises durent plus que les roses. Mais au théâtre, ce n'est plus cela ! Au théâtre, à moins qu'on ne les retire des répertoires, ce qui d'ailleurs ne serait que pour en remettre d'autres toujours, les bêtises menacent de plus durer. Elles ont là plus de vie dans leur gros ventre, parce que ce gros ventre ne leur appartient pas, et que c'est celui parfois d'un farceur aimé de la foule, qui, comme Parade dans le *Wagon des dames*, par exemple, a une manière d'éternuer !... Cet éternument, qui symbolise, du reste, tout un ordre de comique idiot, mais éternel, cet éternument, M. Clairville ne l'a pas même inventé, car il a passé par plus de deux cents nez d'acteurs peut-être depuis que Beaumarchais en a coiffé le nez souffrant de Brid'oison ! Pitoyable pérennité des choses de théâtre ! il n'en faut pas d'autre pour éterniser un succès. Vingt fois, cent fois, mille fois, l'acteur fera la même grimace, et vingt fois, cent fois, mille fois, le public, cette mécanique du rire, poussera son rire et sera heureux.

Certes, c'est là un grand bonheur pour la bêtise, — et un bonheur à bon marché !

MADAME DE MAQUERELAS-MAJOR

I

..... Elle n'est pas Espagnole, malgré la tournure hispanique de son nom. Elle est Française, parfaitement Française, tout ce qu'il y a de plus Française. J'ai ouï dire à des gens qui s'occupent des familles, qu'il y a des Maquerelas un peu partout; c'est une race nombreuse et florissante. Mais des Maquerelas-Major, non ! Major fait une fière différence. C'est là une branche à part de Maquerelas, tout dernièrement surgie, toute moderne, qui, pour l'instant, pousse ferme en France, et promet de vigoureusement s'y étendre, et un jour, — que Dieu nous soit en aide ! — de fastueusement s'y étaler !

Ainsi, ornement et commodité de ma belle patrie, elle est Française, Mme de Maquerelas-Major, et Française de ce temps aimablement utilitaire, de cette minute excessivement intéressante et positive, où les Français, las d'être eux-mêmes, las d'être Mousquetaires Rouges, Chevau-Légers, Justaucorps Bleus, Régence, comme dit Crével dans les *Parents pauvres*, se font de plus en plus Américains, Jaquettes, et Piles de pièces de cent sous ! Type nouveau d'une société nouvelle, fruit de la terre cultivée de l'Écu, que les autres siècles n'avaient pas savouré, les moralistes du passé ne l'ont point connue, cette femme utile. Même les derniers venus qui nous marchent sur les talons dans cette queue *leu leu* de l'Histoire, — La Bruyère, Vauvenargues et Champfort, — n'en ont soufflé mot dans leurs *Caractères*, leurs *Portraits* et leurs *Anecdotes*. Ils ont bien probablement rencontré de leur vivant des drôlesses qui portaient la moitié de son nom, mais elle, complète, et telle que la voici ! elle leur aura manqué. Ils ne l'ont pas connue, et peut-être auraient-ils été très enchantés de la connaître, car c'étaient, sauf erreur, tous les trois des célibataires... et des célibataires bien ennuyés, à ce qu'il paraît, de leur état. A en juger du moins par la morale de leurs livres, qui, fichtre ! n'est pas gaie, ils devaient, tous les trois, grandement souffrir de ce qui fait la gloire de Dieu : Être célibataire !

Eh bien, elle les aurait..... mariés !

Ne vous récriez pas !

Elle les aurait mariés, — quoique ce ne fût pas facile, — ces observateurs ! Elle aurait marié

La Bruyère, ce vieux garçon qui souffrait discrètement de son âge comme en souffre une vieille fille. Elle aurait marié les jambes gelées de Vauvenargues, à d'autres jambes... non gelées. Elle aurait marié ce libertin enragé de Champfort, misanthrope et misogine, malgré son cœur *bronzé* et *brisé*... Et pourquoi pas ? Elle en marie bien d'autres, en ce moment, et qui n'ont pas de cœur du tout ! C'est la grande marieuse du dix-neuvième siècle. C'est d'elle qu'on peut dire le vieux mot, si connu, qu'elle marierait très bien le Grand-Turc avec la République de Venise, si le grand Turc n'était devenu le petit Turc, et si la pauvre République de Venise n'était allée à tous les diables... autrichiens. Mme de Maquerelas-Major marie les gens, mais, entendons-nous ! elle les marie légitimement, légalement, religieusement, avec toutes les formalités et les majestés de la chose. Faire des mariages — corrects — tel est le talent, la fonction, l'état de Mme de Maquerelas-Major dans le monde. Elle marie, comme Don Juan faisait le contraire. Elle marie comme il démariait... Seulement, la différence entre eux, outre le résultat final, c'est que Don Juan se payait en nature, et qu'elle... on la paye en argent !

II

Car cette femme du dix-neuvième siècle, où le
« *Want of money* » est général, impérieux, terrible,
n'a pas seulement pensé comme les Anglais, nos
gracieux maîtres et nos modèles, que le temps est
de l'argent, — *time is money*, — mais elle s'est dit
que tout pouvait en être, sous des mains habiles, et,
dans ce tout, elle a pris le mariage, ce grand but
pour la femme, ce grand moyen pour l'homme, et
elle en a tiré pour elle une industrie, — une industrie magnifiquement grasse, autant qu'un tableau
de Rubens! Le mariage! elle a tripoté dans cette
institution d'une main adroite et hardie. Elle a fait
du mariage son revenu, son titre, son majorat...
C'est de par le mariage qu'elle est devenue, d'une
Maquerelas tout court, une Maquerelas-Major.
Flaireuse de dot, d'un nez exquis, éventant le gibier
conjugal à toutes les distances, elle a cherché des
unions à faire. Elle a eu, plus que l'Amérique, le
génie de l'Union! Organisée en perfection comme
toutes les femmes qui (toutes) se sentent la vocation de faire des mariages pour le seul et pur bonheur d'en faire, — pour ce singulier bonheur caractéristique de leur sexe, qui consiste à amener Mon-

sieur à Madame et Madame à Monsieur, et auquel on a donné un nom malhonnête que je fais l'impossible pour esquiver, Mme de Maquerelas-Major avait, de nature, le don de l'entregent, de l'entremise et de l'entreprise matrimoniale, mais elle, la forte femme, n'a pas fait, avec ce don, de l'art pour l'art ! Elle a laissé cela aux bêtes de femmes honnêtes, sentimentales et désintéressées, qui gâtent le métier. Honnête aussi... par l'épiderme, mais très positive sous la peau, comprenant, sans horreur aucune, ce temps mercantile où les grands seigneurs ne sont plus que de grands industriels, elle s'est dit qu'elle pouvait être femme *comme il faut* comme ils sont grands seigneurs, et elle s'est établi, sans frais d'établissement, un plantureux commerce de marchandises, — selon beaucoup de gens, indispensables, — et elle a vendu... vertueusement, puisque c'était pour le *bon motif !* de l'homme à la femme et de la femme à l'homme, — en cela toujours très digne du nom qu'elle porte, toujours très excellemment Maquerelas-Major !

Type curieux ! L'avez-vous parfois rencontrée ?... C'est une charmante femme du monde, très simple et très unie, qui porte beaucoup de violet, de noir et de gris, les couleurs graves, se risquant parfois jusqu'au lilas dans ses jours les plus téméraires, mais s'arrêtant là... courageusement ! Descendre jusqu'au rose lui paraîtrait une imprudence. A la voir, avec son élégance chaste et sa distinction réservée, ne diriez-vous pas une veuve jeune encore, qui ne se remariera pas, ou une chanoinesse qui gardera sa croix (de toutes manières) et ne se mariera jamais ? A voir ce mélange heureux d'aplomb et de légèreté, qui constitue le bon ton suprême, pourriez-vous, certes ! jamais vous douter que cette femme du monde fût pourtant encore autre chose, et que cette tenue presque touchante de veuve et de chanoinesse, supposées un moment par vous, pût cacher une industrielle d'un genre nouveau, qui trafique du mariage comme d'autres industrielles, d'un genre plus ancien, trafiquent de l'amour ? Pourriez-vous jamais vous douter que c'est là une Madame de la Ressource, bien plus complète que les Mesdames de la Ressource des vieilles Comédies, qui ne venaient en aide qu'aux fils de famille sans argent, tandis qu'elle — celle-ci — vient en aide aux familles entières, embarrassées d'écouler, sans fortune et sans dot, leurs plus charmants ou leurs plus laids produits physiologiques, car, dans l'hypothèse, c'est tout un ! Croiriez-vous enfin que c'est là, transformée, je le veux bien, nettoyée, dessouillée des infamies physiques de son type (mais seulement des infamies physiques, ne vous y trompez pas !) une Madame Nourrisson d'un ordre supérieur à celle de Balzac, agréable, gracieuse, souriante comme l'espérance qu'elle donne, dignifiée à ses yeux peut-être et aux yeux de ceux qui l'emploient, ô comble du grotesque dans l'illusion ! par le but légal et social de son entremise, mais, après tout, une Madame Nourrisson, — tripes, boyaux et entrailles, si elle en a, — qui n'est plus marchande à la toilette, mais qui est marchande à la couchette tout autant que l'autre, la vieille et abominable Nourrisson !

III

Non, vous ne pourriez le croire, — ni moi non plus, — regardez-la ! Voyez-la sur le bout de canapé où elle est assise avec tant de décence, ou quand elle traverse le salon, traînant sa *traîne*, non pas comme ces paonnes de la sottise et de la vanité, qui mériteraient, si la queue était en proportion avec la sottise, d'en avoir trois comme les Pachas ! mais, au contraire, comme la traînerait, si les statues marchaient, la statue de la Modestie, qui, vous le savez, est une statue habillée ! Tudieu ! elle est presque jolie avec son profil de camée tranquille, — ce petit front carré qui, selon saint Bonaventure (un Lavater avant Lavater), est le signe de la sagesse, — et, dans tous les cas, elle est piquante... O mon vieux corrompu d'amateur de contrastes !

demandez-vous s'il y a dans tout Victor Hugo une antithèse de la force de cette femme, qui écoute du Beethoven, qu'on joue en ce moment, dans une attitude de Muse attentive, les yeux baissés, ces yeux autour de la prunelle desquels il n'y a pas, je vous assure, l'exergue de la pièce de cent sous, qui dirait sa pensée secrète ! Oui, mon cher ami, demandez-vous s'il est possible qu'une pareille femme soit venue là, ce soir, dans ce salon, comme les joueurs de Bourse vont au boulevard, et qu'elle y traitera d'une *affaire*, entre deux plaisanteries, avec un imbécile d'homme occupé qui veut une femme riche et qui n'a pas le temps de la chercher, ou une mère douloureuse, *mater dolorosa*, à qui une fille crie déjà depuis plusieurs années : ma *mère Anne ne vois-tu rien venir ?...* Femme d'affaire, pleine de désinvolture, dont tout l'agenda n'est qu'un éventail, — un délicieux Watteau, par parenthèse, — comme elle a laissé à deux cent mille lieues d'elle le pauvre M. de Foy, son grossier précurseur, avec le cynisme de son enseigne, la charlatanerie de ses réclames, et son fameux cabinet de consultations où qui met le pied s'enferre dans le ridicule ! Son cabinet, à elle, est, comme la Rome de Sertorius, partout où elle est, — aux Bouffes, — à l'Opéra, — dans la calèche d'une *amie* qui voudrait devenir duchesse... par mariage, et qui la conduira au Bois. Elle *travaille* également partout !

Toujours prête! Nul pédantisme. A peine de la diplomatie. Tout le monde sait dans le monde que la *spécialité* de Mme de Maquerelas-Major est l'exploitation supérieure du mariage, et personne n'a la faiblesse de s'en étonner. Elle ne le cache ni ne le montre. A quoi bon? On le sait. Cela suffit.

Elle ne fait pas plus de façons pour dire ce qu'elle fait que la société pour l'accepter. Elle n'est pas une *Outlaw* qui fuit, une Robine Hood de ces salons où l'on peut être aussi bien volé que dans les Lois! Mme de Maquerelas-Major est entrée dans les mœurs modernes. Avec les mœurs modernes, qui ont réhabilité l'argent, l'intérêt de l'argent, messieurs les Juifs, une foule de choses, tenues absurdement pour basses autrefois, Mme de Maquerelas-Major peut être partout, nettement, ce qu'elle est. Industrielle, comme les demoiselles à marier des pièces de M. Dumas fils, — ces jeunes gens à bottines et à poignées de main! — sont amoureuses! Pourquoi des petites mines, des embarras et des pudeurs? Le XIXe siècle, qui a inventé le positivisme en philosophie, le réalisme en peinture, et la haine et le mépris de la phrase chateaubrianesque en littérature, est, en tout, le siècle de la netteté, — de cette netteté qui n'a pas peur du mot propre, ni du mot malpropre, non plus! Le XIXe siècle a tué l'hypocrisie, ce vice profond d'une société respectueuse. Mme de Maquerelas-Major n'a pas besoin d'être hypocrite, et elle ne l'est point. Elle est naturelle. Elle est sincère. Elle a de la simplicité, la simplicité d'une chose qui lui paraît fort simple. Elle se sent de son temps, et cela lui ôte l'embarras et lui donne l'aisance. Mais aussi cela la prive du mérite du courage, — de l'affreux courage, que, dans une société qui ne serait ni débandée, ni corrompue, ni matérialisée jusqu'à sa soixante-quinzième capucine, il lui faudrait, à la malheureuse, pour être ce qu'elle est et pour faire ce qu'elle fait !

IV

Mais le plus coupable, ce n'est pas elle !
Le plus coupable, c'est le XIXe siècle ! C'est le temps qui a donné aux Maquerelas-Major le droit de naître et d'exister. C'est l'époque inouïe qui a fait monter à la surface sociale, et à son niveau le plus élevé, des créatures et des industries qui, au XVIIIe siècle, par exemple, lequel ne passe pas cependant pour un modèle de retenue et de pudeur, restaient dans le fond de la société et y pataugeaient toute leur vie, sous l'argent qu'elles y avaient gagné. La plus coupable, c'est l'époque où les Fillon et les Gourdan de la bonne compagnie se croient très consciencieusement valoir mieux et avoir les mains

plus blanches que les Gourdan et les Fillon du temps de ce petit salopaillon de Dubois, le *fourriquet* du XVIIIe siècle, parce que c'est du mariage qu'elles vendent, au lieu de vendre de l'amour! La plus coupable, oui! c'est enfin l'honnête société qui, depuis plus de trente ans, déclame philanthropiquement contre la traite des nègres, quand elle est faite par des armateurs et un capitaine négrier, mais qui n'en dit rien ou qui l'autorise quand c'est la traite des blancs et des blanches, et qu'elle est faite en plein salon et en pleine famille, par une aimable femme du monde, autre genre de capitaine, qui n'a pas besoin pour protéger sa traite, à elle, ni de canons, ni de pavillons! Prodigieuse perturbation des notions morales sur lesquelles les sociétés étaient assises autrefois! Parce qu'il s'agissait de mariage, c'est-à-dire d'une des plus graves relations de la vie dans l'ordre auguste des devoirs, on a cru que le courtage (un mot et une chose de ce temps!) prélevé sur un mariage qu'on *négociait* (encore un mot de ce temps!) était plus pur que celui qu'on pouvait prélever sur un plaisir *procuré*, sur la plus éphémère et la plus honteuse relation de la vie! On l'a cru, et si on y avait réfléchi, si tout, présentement, n'était pas faussé dans l'intelligence et jusque dans la substance humaine, c'est le contraire qu'il aurait fallu croire. Parlons franc — puisque ce siècle de la *blague* se vante d'avoir inventé la netteté : — qui vend une fille à qui en achète le corps, se rend coupable d'un affreux trafic, mais, hélas! vend presque toujours un corps sans âme. Mais qui fait un mariage pour toucher une somme d'argent, qui *procure*, moyennant espèces, une femme à un homme et à une femme un mari, fait le commerce des âmes aussi bien que des corps. C'est de l'arithmétique. Et si nous embrassons d'un œil ferme les conséquences d'un pareil *commerce*, si nous prévoyons quelque peu l'avenir de ces unions épouvantables, arrangées, en se jouant, par une charmante femme, qui faisait la bouche en cœur, et à qui on a payé ses petits soins et sa petite réussite, nous touchons vraiment au monstrueux. Le Malheur couve, comme le feu, sous ces mariages négociés. L'Incompatibilité, l'Adultère, la Honte des enfants, et peut-être l'Assassinat. Lafarge, l'empoisonné, avait été marié par une de ces arrangeuses de mariage, par une de ces préparatrices de crimes, qui ont un côté comique, mais tragique aussi.

O poètes comiques, aveugles comme Homère ! — votre seule ressemblance avec Homère ! — que rêvez-vous donc pour n'avoir pas mis ce type de nos jours à la scène !

Et vous, les clairvoyants, vous qui pouvez sauver les mœurs en péril, n'interviendrez-vous donc pas, ô législateurs ?

LA LITTÉRATURE QUI MANGE

---

28 *Mai.*

I

Le tambour crevé de cette semaine, c'est le dîner au Palais-Pompéien, — et cela ne veut pas dire que personne en soit mort... qu'on se rassure!... Même la désopilante querelle de M. Féval et de M. Sardou, a disparu dans le bruit de ce fameux coup de fourchette. Seulement, cela ne nous change pas beaucoup d'atmosphère. C'est toujours de gueule qu'il retentit.

Après l'engueulement, le gueuleton !

Car c'est ainsi, je crois, qu'on nomme ces sortes de ripailles, et ce mot, très peu respectueux, j'en conviens, n'a pas été inventé par moi. Les convives du Palais-Pompéien le connaissent. Il n'en est peut-être pas un seul, parmi eux, qui ne l'ait écrit, au moins une fois en sa vie, pour désigner ces mangeries en commun, à l'une desquelles ils se sont si bien pris tous, il y a huit jours! Besaciers qui se sont moqués à d'autres époques des repas fraternels, que je ne défends point, et du veau proverbial aux carottes, et qui ne se moqueront pas d'eux-mêmes aujourd'hui, parce qu'ils fraternisent dans une communion de potages à la Lucullus, de dindes à la Claude, de suprêmes d'Agrippine, et de toute une mascarade de mets antiques dans une mascarade de monument!

Comme si le ridicule ressemblait au poisson, que la sauce fait manger, dit le proverbe, et que, selon la sauce à laquelle on le met, il soit plus facile à avaler!

II

Mais, gueuleton ou non, — je ne m'en soucie, — ce dîner, du reste, nous aura suffisamment appris combien la littérature est bonne fille et quel honneur elle fait, par la sympathique facilité de ses mœurs, aux progrès de toute espèce que se permet le XIXe siècle, ce dévergondé de progrès! D'autres peut-être, des ignorants du monde, auraient vu dans cette invitation à brûle-pourpoint d'un industriel qui vous demande de la publicité, les truffes sur la gorge, une légère impertinence. Mais la littérature, non, la populaire Princesse ! Elle ne s'est point fâchée. Elle a mis tout de suite son frac et elle est allée... où on la voulait. Et pourquoi pas ? Loïs-le-Unzième allait bien souper chez des bourgeois. Il est vrai que c'est lui qui s'invitait, ce qui change bien un peu le caractère de la chose. N'importe ! La Littérature est venue, accorte, dès qu'on a sonné. Ç'a été aussi simple que cela, — aussi simple que dans la fable de *la Couleuvre et de l'Homme*, quand l'homme appelle la vache :

« ..... Il l'appelle, elle vient. »

C'est ainsi qu'elle est venue, la littérature, et elle a dîné... pour le dire ! et elle l'a dit, parce qu'elle a dîné ! et cela a fait un article de plus aux Chroniqueurs dans le *besoing !* et tout le monde a été content, *eructans gaudium suum*, et il a été constaté définitivement par une dernière expérience, car l'exploiteur du Palais-Pompéien n'a pas inventé les dîners qu'il donne, que la littérature du XIXe siècle est une littérature qui mange... à ordre, comme on paie un billet, à la première invitation qu'on lui fait !

Une littérature qui mange... c'est presque une nouveauté, n'est-ce pas ?... Il y avait autrefois une littérature qui mourait de faim, — avec plus ou moins de courage, — et on a bien fait de changer cela, si on a pu. Puis, il y avait une littérature qui vivait chichement, peut-être, mais honnêtement, prenant l'écuelle aux dents chez elle, ce que M. Francisque Sarcey appelle « manger la soupe » entre soi. Puis, il y avait encore — annonciation déjà de la littérature qui mange ! — la littérature qui dînait chez les grands seigneurs dignes de l'avoir à leur table, puisqu'ils n'avaient pas besoin d'elle, et qu'ils l'y invitaient ! Puis, enfin, la littérature qui soupait chez le roi de Prusse, pour le bon motif d'envoyer au dessert des boulettes de mie de pain au nez du bon Dieu. Et derrière toutes ces littératures, comme la canaille derrière les juges, dirait Figaro, les quelques drôles de littérateurs parasites, crottés comme Colletet, jusqu'à l'échine, qui cherchaient partout un râtelier. Mais la littérature au-dessus d'un dîner, la littérature qui a de quoi dîner chez elle, et qui mange à tout venant, sur toute invitation, à toute table, sans grands seigneurs, ni roi de Prusse, avec le premier X pour tout Amphitryon était, jusqu'à présent, une littérature inconnue, et il était donné à notre temps seul de voir celle-là manœuvrer !

Et si c'était simple et naïve affaire de ventre que

cette manœuvre! je la concevrais. Pardieu! je ne suis pas un monstre d'austérité. Je sais compatir à la nature. Le ventre ne doit pas être un dieu, mais ce pourrait être un ami. Un ami, ouais! tyrannique parfois. Affamé, il n'a pas d'oreilles. Il n'a pas de fierté, non plus. Mais, repu, il peut être aimable. J'ai vu des ventres heureux qui ne manquaient pas d'agrément et même de tendresse. J'ai vu dans ma vie deux ou trois Bedondaines charmantes! La gaieté vient du ventre, dit encore le proverbe. D'ailleurs, pourquoi n'aurions-nous pas aussi des ventrus littéraires? Pourquoi le plaisir de manger, ce pur plaisir, un peu impur, le dernier péché des gens d'esprit, ne serait-il pas aussi le dernier péché des vieilles littératures? Mais, hélas, non! ce n'est pas cela!

Ce n'est pas le ventre, ce *bon* tyran, comme diraient les Grecs, le ventre, aux rayonnements sympathiques, qui s'en échappent, quand il est plein, ce n'est pas lui qui peut expliquer l'empressement unanime de la littérature, l'autre jour, à se ruer, au premier signe, sur le dîner qu'on lui a tendu... L'ère des Rabelaisiens est fermée. Les *beuveurs* illustres n'existent plus. Les entripaillés généreux, les mangeurs enthousiastes ou décidés, ventripotents, omnipotents, allumés comme des fourneaux et faisant bouillir et flamber la conversation sous le feu de leur verve, trouvez-m'en dix, trouvez-m'en trois parmi ces Faces Pâles, comme le papier de leur *copie*, parmi ces exsangues fumeurs de cigarettes, ces suceurs de cure-dents blasés ! Des ventres même, quand j'en vois poindre parmi eux, sont de fausses enseignes ; ils sont déshonorés par la sobriété de ceux qui les portent. A cette triste époque, ce n'est pas le cœur qui a détruit l'estomac, je le reconnais, mais les estomacs pendent : *interrupta pendent ;* et nous n'avons plus que l'eau de Vichy pour tout *piot*, dans nos abbayes de Thélème. Si donc, elle mange, la littérature, ce n'est, certes ! pas dans le vaillant et robuste sens du mot : pour manger. Ce n'est pas même pour jouir de son esprit à table, pour l'exalter, pour le fouetter, pour le faire lutter, écume contre écume, avec cette mousse du vin de Champagne, éternellement cher aux imaginations françaises ! Si c'était pour cela, allez, nous le saurions à l'intant même ! Ils ne perdraient pas, s'ils en disaient, un seul de leurs mots, ces malins ! Ils se paieraient des sténographes ! Mais non, mille fois non ! Et pourquoi se tortilleraient-ils pour trouver des mots, puisqu'il suffit, pour qu'on parle d'eux et pour qu'ils en parlent eux-mêmes, de s'asseoir là, chacun, devant son couvert mis, et de faire comme au restaurant ?... Il ne s'agit que d'être vu. C'est bien plus commode. Ah ! si le dîner était sous terre, si le petit compte rendu ès-journaux ne suivait pas le dîner, si demain toute la France, qui avale Paris comme une hostie, ne savait pas, en prenant son chocolat, que messieurs tels, dont les noms suivent et peuvent se lire aux Rambuteaux de la Chronique, se sont réunis pour dîner, comme ils se réunissent souvent pour aller à quelque enterrement qui fait bruit, ils ne sortiraient pas, j'en suis bien sûr, de chez eux, ni pour l'un ni pour l'autre, et ils se passeraient également de l'enterrement et du dîner!!

III

Ainsi, ce n'est donc qu'une réclame! La réclame au dîner comme à l'enterrement! La réclame, cette lèpre, passée dans le sang, et qui vicie toujours davantage les mœurs, de plus en plus publiques, théâtrales, cabotines! Le moraliste regarde cela, le note et rêve... La réclame! toujours la réclame! non pas seulement chez ceux qui la demandent, mais chez ceux qui la font! Ceux qui la demandent font leur métier de la demander. C'est affaire de boutiques et ils sont boutiquiers! Je les comprends et je les absous. Barnum est un grand homme en Amérique, et, en France, Barnumet, qui est moins colossal, sait aussi gratter d'un doigt calculateur la curiosité publique là où elle se démange, et convertir en petits écus de gros sous, risqués à propos. On ne sait pas encore ce que deviendra le Palais-Pompéien; cet *immeuble,* comme dit élégamment M. Albéric Second :

« Sera-t-il dieu, table ou cuvette ? »

Cuvette, c'est-à-dire maison de bains ? — restaurant ? — caravansérail ?... D'aucuns, je crois, par trop archéologues, avaient parlé d'un autre genre d'établissement, connu tout autant dans le monde antique que dans le nôtre, — et alors ce n'eût pas été de simples salades à la Messaline qu'on nous eût servies ! — mais le désir archaïque de ces gens-là a été trompé. C'était une erreur, je le veux bien ; seulement, quoi qu'on pût décider de l'*immeuble* (style Second), il devait être évidemment utile d'y donner une première représentation qui le sacrât aux yeux de la foule, de déployer, au-dessus de son toit, la banderole qui attire les badauds, et cette banderole a été une serviette, — que dis-je ! une serviette ? tout un pavoisement de serviettes, autour d'une table ouverte à la littérature ! C'était, d'ailleurs, sinon de la couleur antique, au moins de la couleur locale, si l'*immeuble* (toujours style

Second!) doit un jour être un restaurant ! Lui, Barnumet, était expliqué, amnistié, justifié, et méritait d'être applaudi par les autres Barnumets qui pullulent, pour faire ainsi, non pas d'une pierre deux coups, mais dix coups, car cette réclame au dîner est une accumulation de réclames, une espèce de boîte à je ne sais combien de compartiments et de fonds, dont il est bon de démonter l'ingénieux mécanisme pour l'éducation des petits Barnumets futurs. Comptons sur nos doigts, s'il vous plaît. D'abord nous avons dans ce machiavélique dîner la réclame de celui qui le donne et qui se pose en amphitryon magnifique, en bienfaiteur monumentaire de la littérature, en restaurateur, non pas des lettres comme François Ier, mais des littérateurs, tout en n'étant qu'un usurier, prêtant à cinquante pour cent de publicité sur les plats qu'il sert ! — Ensuite la réclame de la chose pour laquelle on le donne, ce dîner à la *petite semaine*, qui ne semble vouloir que les délices de ses dîneurs ! — Puis, la réclame du dîner lui-même, qui coûte justement moins à Barnumet, parce qu'on la fait, cette réclame, au restaurant qui l'a fourni ! Puis encore la réclame, jusque des domestiques, loués aux mollets, et dont, entre la poire et le fromage, l'amphitryon peut vous donner l'adresse pour le cas où un jour de frairie vous auriez besoin de ces mollets ! Enfin, — et c'est ici le superfin du fin et le coup de maître ! la réclame de ceux qui vont écrire cette réclame collective, compliquée, multiface, et qui ne l'écriraient pas, — je vous en... flanque mon billet ! — si, dans cette réclame monstre, ils ne mettaient fastueusement la leur !

Eh bien, encore une fois, Barnumet joue son jeu ; mais la littérature ?... La littérature qui a du talent, de l'esprit, de quoi dîner, et le sentiment du ridicule, quand il s'agit des autres... seulement, joue-t-elle le sien en ces dîners que lui offre l'industrie, et où certainement elle ne s'amuse pas ?... L'esprit n'aime pas les grands dîners ; il n'y paraît jamais. Le bruit le chasse, lui, au lieu de le faire venir ! Il n'a pas besoin de réclames pour s'exciter. Il est parce qu'il est. Montrer à la France comment les hommes qui passent pour l'esprit de la France causent en dînant, pourrait être un intéressant spectacle ; mais ce jour-là, ces gens d'esprit dîneront chez eux, et ils n'y seront pas tous. Ce jour-là, surtout, ils ne se feront les serviteurs de personne. J'ai lu, ces jours-ci, les comptes rendus du dîner Pompéien. Je n'y ai rien trouvé qui dît que c'était là la plus spirituelle littérature du monde qui dînait. Les dîners du *Caveau* qui, du moins, étaient des dîners d'esprit et non d'industrie, n'étaient pas tous brillants et gais, mais ils finissaient par la fusée des chansons, et de ces chansons il est resté quelques pétillants chefs-d'œuvre, qui pétillent toujours! tandis que le dîner Pompéien? Qu'en restera-t-il?... On peut dire déjà : qu'en est-il resté?...

Je le sais bien, — mais je ne vous le dirai pas!

UNE BOITE AUX GIFFLES A PARIS

Jeudi, 21 novembre 1867.

I

On a, si vous vous le rappelez, beaucoup parlé, dans ces derniers temps, de la *boîte aux giffles* de Genève, cette ville tranquille et bien administrée; — mais personne n'a donné l'étymologie de cette appellation de *boîte aux giffles*, légèrement polissonne pour dire l'hôtel de ville d'une grave ville d'horlogers comme Genève, car qu'y a-t-il de moins turbulent, de moins gifflant, de plus placide, de plus patient qu'un horloger? L'horloger est pour la patience le bonhomme Job de l'Industrie... Ces honnêtes culs de plomb, qui passent leur vie l'œil à la loupe, pour épousseter et faire marcher de petits rouages fins comme des cheveux, doivent remonter leur administration, quand elle est dérangée, comme ils remontent leurs montres et leurs horloges... Et ils se giffleraient entre eux?? Ce n'est pas possible! Ce n'est, cela, ni horloger, ni genevois[1]. Giffle n'est pas, d'ailleurs, un mot suisse. C'est un joli mot français, pimpant et leste, leste surtout! qui ne sent ni la rue, ni les démocraties, ni les argots d'aujourd'hui. Je le trouve déjà en Mathurin Regnier, dans des vers charmants :

> Dit Virgile passable, — encor' qu'en quelques pages
> Il méritât, au Louvre, d'être gifflé des Pages!

A la bonne heure! Les giffles des Pages! Même au Louvre, on les conçoit très bien... Mais les giffles de messieurs les horlogers de Genève, en leur hôtel de ville, c'est là ce qui paraît incompréhensible, et quand on le dit, on vous en donne une, — une giffle! — celle de l'étonnement!

II

L'étonnement, en effet, la surprise, la déception, tous ces coups inattendus de la vie, tombant

---

1. Il paraît que si, cependant. C'est le Palais Électoral qui s'appelle, à Genève, boîte à giffles, parce qu'on s'y soufflette, les jours d'élections. Les horlogers s'y cassent leur grand ressort sur la figure.

sur nos visages de badauds qui ne s'y attendaient pas, sont, — bien appliqués, — en réalité, de véritables giffles, et si c'est là ce qu'ils entendent, les Genevois, je commence un peu à comprendre leur boîte. La municipalité de Genève giffle sans doute ses administrés avec des arrêtés qui les étonnent, — qui les étonnent comme le Congrès de la Paix, bien digne de leur boîte, par exemple, les a étonnés et giffles, quand il a eu lieu, eux et toute l'Europe!... Oui, l'Europe, l'Europe qui s'attendait à autre chose, a reçu, ce jour-là, sur son nez curieux qui s'allongeait du côté de Genève, l'aplatissement de je ne sais combien de déceptions. Elle s'attendait à une grande pièce.

Elle s'attendait à voir Victor Hugo, ce Garibaldi de la poésie, donner le baiser fraternel à Garibaldi, ce Victor Hugo de l'action révolutionnaire; mais bernique! Victor Hugo, craignant le ridicule pour la première fois de sa vie, n'a pas paru au Congrès de la Paix, première giffle! et Garibaldi, après y avoir montré un bout de chemise rouge, a fait un trou... pas à sa chemise, mais à la lune, et a disparu, seconde giffle! Seconde giffle suivie de tout un feu de peloton de giffles, car le Congrès de la Paix, très étonnant en cela seul, nous a donné bien plus de bêtises que celles sur lesquelles nous comptions. Nous pensions bien qu'il nous en donnerait. Nous pensions certainement qu'il serait abondamment bête ; mais nous ne pensions pas qu'il le serait au point de tromper notre attente et même notre espoir, et de nous gratifier de cet énorme paquet de giffles que nous avons maintenant, comme des messieurs de Pourceaugnac, l'honneur de porter !

Eh bien ! ces nombreuses et magnifiques giffles de l'étonnement et de la déception, il n'y a pas que les Genevois qui en aient une boîte et une boîte pleine. Nous venons d'en avoir une aussi à Paris ; mais, pour nous, ce n'a pas été notre Hôtel-de-Ville, quoique M. Haussmann, qui l'habite, ce terrible giffleur de maisons, mais dont les giffles les abattent, ne nous ait pas mal gifflé depuis quelque temps ! Nous avons eu une boîte plus grande que celle des Genevois. Et ç'a été cet immense bazar du Champ de Mars qui, à présent, enlève ses tréteaux et ses marchandises. Oui, notre Exposition universelle a été notre coffre aux giffles... Eh bien, puisqu'on le ferme aujourd'hui, ce grand coffre aux désappointements, pourquoi n'écririons-nous pas des *novissima verba* sur son couvercle, et ne nous tâterions-nous pas un peu la joue pour constater (affaire d'histoire !) que nous avons été parfaitement gifflés !

III

Ah! nous l'avons été dans chacune de nos illusions, dans chacune de nos espérances! Comme dit Suzanne à Figaro : Il a plu des soufflets! Rappelez-vous donc ce qu'était pour nous tous cette idée d'une Exposition universelle avant qu'elle fût réalisée. Mais c'était un éblouissement! Mais c'était la plus grande et la plus féconde idée du siècle, et pourquoi pas de tous les siècles!! Mais c'était le Jubilé des temps nouveaux!! l'éclatante inauguration de l'ère de la paix!! Mais c'était la plus splendide des fêtes que la France de la Civilisation, de l'Art et de l'Industrie, pût offrir au genre humain tout entier, et cette fête devait certainement rapporter à la France des torrents de gloire et de richesse!! Oh! l'Exposition universelle, les plus froids d'entre nous n'en parlaient, avant qu'elle fût faite, qu'en style de cantate! Comme cette exposition poserait fièrement, — et aimablement, — et, pour la première fois, du consentement de tous les peuples, la supériorité de Paris, ce cerveau du monde, et comme elle la ferait accepter aux susceptibilités étrangères! Comme elle augmenterait, comme elle exciterait ce généreux cosmopolitisme qui doit remplacer, avant peu, d'absurdes nationalités! Sympathies, enthousiasmes, admiration, quelle rafle nous allions faire dans tous les sentiments du monde!

L'Exposition universelle triplerait, quintuplerait, décuplerait (on ne s'arrêtait pas) toutes les forces vives de la France. Quel élan rapide elle imprimerait à son génie! Et comme dans le noble monde d'aujourd'hui, qui aime l'or, qui boit l'or, qui suce l'or, et pour lequel sans or il n'y a ni grandeur, ni gloire, ni bonheur, ni rien du tout, de quels flots d'or nous couvrirait et nous abreuverait cette prodigue de tous les biens, l'Exposition universelle!... et c'était même celle-là la plus exaltée, la plus enflammée de nos espérances, celle qui tendait avec le plus de passion sa joue rose à la vigoureuse gifle qui, tout à coup, est venue raidement y tomber!

Oui, voilà ce que nous nous disions tous, ce que nous pensions tous avant l'expérience; mais l'expérience est consommée maintenant... Nous avons vu la fin de la fête, et du Jubilé, et de toutes les grandes choses dont nous donnions si naïvement les noms à l'Exposition universelle. Dans quelques jours, les pavillons du Champ de Mars, ces pavillons soufflés comme des bulles de savon, et qui en auront eu l'éphémère destinée, auront disparu. On aura vidé l'immense bazar dans lequel seront venues s'étaler et parader toutes les boutiques de l'univers. Les lourdes machines seront démontées, les bijoux rentrés dans leur gaîne, les tapisseries et les tableaux roulés autour de leurs bâtons. Le spectacle sera terminé, le gaz éteint, — les grandes phrases aussi; et calmés, froidis, nous pourrons voir clairement, et nous commençons de le voir déjà, ce qui nous reste, ailleurs qu'aux yeux, de cette Exposition universelle ! Nous pourrons, suffisamment instruits, nous rendre compte de ce qu'en tout genre elle aura rapporté de profits et d'avantages à la France, et lui demander ce qu'en définitive elle a fait, cette cosmopolite, qui semble n'avoir eu en vue que le plaisir vain de tous les badauds de la terre, pour ce qui nous importe seul, à nous, — les accroissements de la patrie !

IV

Et la réponse qu'elle fera, — ne la pressentez-vous pas ? — sera précisément le contraire de tout ce qui nous avait jusqu'ici paru indubitable.

L'Exposition, cette grandiose idée moderne, qui devait dater avec tant d'éclat l'ère de l'industrie, comme on dit, n'a été, au fond, rien de plus que ce que furent autrefois les grandes foires du Moyen Age, — de ce Moyen Age dont les Tufières du progrès se donnent les airs de rire aujourd'hui. Et encore, les grandes foires du Moyen Age pour la simple exhibition des produits! car on y vendait et on y achetait sur une échelle immense, tandis qu'à cela près de quelques rares achats autorisés, l'Exposition, fidèle à son nom, n'a fait qu'exposer! Cette fête inouïe du genre humain, qui promettait d'être l'ardente et flamboyante kermesse de la civilisation tout entière, faisant une de ces bombances d'orgueil, de curiosité et de profusions comme on n'en avait jamais vu, et où tous les peuples devaient venir verser le trop plein de leurs mains et la corne d'abondance de leurs richesses, n'a été, en somme, qu'une assez triste ripaille de restaurants et de lupanars! Il n'y avait pas là, comme vous voyez, de quoi enrichir beaucoup la France.

Paris, qui se croit Babylone et Rome tout à la fois, n'a pas même su inventer quelque nouvelle jouissance pour la consommation de ces étrangers, qu'il avait conviés à ces saturnales de la Matière triomphante, dans tous les rutilements de sa beauté! Paris, le spirituel Paris, a manqué d'esprit par fatuité. Il avait cru qu'il tenait par son chignon d'or l'Occasion, cette sœur de la Fortune; mais, indiscret comme toujours, le vieux fat, qui se vante de ses conquêtes avant qu'elles soient faites, a, par ses indiscrétions, averti les étrangers, lesquels, prudemment, ont surveillé leur bourse et resserré leur ceinture. Aussi jamais peut-être, dans Paris, on n'a plus mesuré ses dépenses que dans le temps où elles auraient dû être exaspérées par le rapprochement de toutes les passions, de toutes les vanités rivales et de tous les luxes, bouillonnant à la même place, dans le cratère du même volcan. Jamais, peut-être, le commerce de Paris n'a subi une dépression pareille à celle dont il souffre depuis l'Exposition universelle, et qui lui fait pousser en ce moment des cris féroces, car, du moins, s'il a été giflé, le commerce parisien, il sait se plaindre de la pesanteur des soufflets!

Et le génie? le génie aussi, le génie français, qui, plus que tous les autres, a besoin de galerie, de public, d'électricité extérieure, et à qui l'Exposition apportait tout cela dans des proportions colossales, qu'a-t-il été, comment s'est-il montré, comment s'est-il prouvé, pendant toute la durée de l'Exposition, le génie français?... Je ne parle point des œuvres d'art ou d'industrie exhibées au Champ de Mars, et que l'Exposition n'a pas créées, — qui n'en auraient pas moins été faites quand il n'y aurait pas eu, de par le monde, d'exposition, et dont la plupart remontaient à plusieurs années. Je parle des œuvres immédiates, des œuvres inspirées par un moment qu'on disait unique dans l'histoire, et je me demande où elles sont ?... Je me demande à quelle époque le génie français a été plus infécond, plus morne et plus muet que dans la circonstance qui aurait dû le faire éclater et déborder en chefs-d'œuvre. Pas un livre nouveau n'a été publié, pas une pièce nouvelle n'a été jouée, comme si, pendant cette période d'exposition, toute notre vie intellectuelle s'en était allée par nos yeux !

Les étrangers ont vécu, comme ils ont pu, sur d'autres trognons dramatiques que nous avions assez rongés, ou sur ces immenses machines théâtrales d'un temps de machines, splendides malpropretés, qui sont encore des expositions ! Mais il ne leur a pas été permis de goûter à une production vraiment spirituelle, qui leur eût donné une idée de la valeur de l'esprit français ! Ils s'étaient dit pourtant en quittant leur pays : Nous allons donc pouvoir juger sur place cette fameuse merveille de l'esprit français ! Mais quand ils reviendront, ils pourront dire à leurs compatriotes : « Restez chez vous sans jalousie », et même leur montrer deux échantillons (qui les y feront rester) de l'esprit français chauffé par une Exposition. Ils pourront tour à tour leur exhiber les deux grandes compositions de l'Exposition universelle : la grotesque cantate du vieux Rossini, tombé en enfance musicale, et le *Paris*, ce guide publié par Lacroix, ce livre qui n'est pas un livre, cette servile production, dans laquelle toute une littérature sans fierté s'est faite cicerone, cornac, interprète, montreuse de curiosités au service des étrangers, et a brossé Paris, pour le faire reluire, comme les décrotteurs brossent des bottes...

La cantate de Rossini et le *Paris* de Lacroix! ah! quelles giffles! Croyez-vous qu'il en soit sorti de l'Exposition, notre coffre aux giffles, deux de plus belle espèce que ces deux-là?...

V

Et nous pourrions continuer de fouiller dans ce coffre inépuisable, que nous en trouverions toujours. Il y en avait, il y en a encore! Cela ne finit pas; c'est une Sainte-Ampoule de giffles. Nous en avons dit quelques-unes; quelques-unes largement données, largement reçues! Mais que d'autres, bon Dieu! dont nous n'avons pas parlé! Et la giffle à la moralité publique que l'Exposition, comme tous les vastes amoncellements d'hommes, — et d'hommes venus dans un but de plaisir universel! — n'a certes pas augmentée! Car les hommes sont

comme les fruits : ils se pourrissent en se touchant !
Et la giffle à la beauté de Paris, devenu hideux
depuis qu'il est passé à l'état de fourmilière du
genre humain, du genre humain sans pittoresque,
et habillé comme un pleutre à tous les bons mar-
chés du monde ! Et la giffle à la santé même de
Paris, car, burlesque soufflet, celui-là ! Messieurs
les étrangers, Artaxercès de leurs propres présents,
nous ont galamment apporté la gale, en attendant
les maladies d'ordre composite qui résulteront plus
tard du mélange impur de toutes ces races, et qui
déconcerteront la science et giffleront le médecin !
Il y a les giffles de l'avenir, les giffles restées au
fond du coffre, mais qui prochainement s'en échap-
peront aussi ! et qui nous tomberont sur la face,
modifiant, à cette place, nos idées sur les Expositions !

Fascinés un instant par elles, nous avions ima-
giné que les Expositions seraient bien plus que des
spectacles offerts aux curiosités fiévreuses et aux
vanités des nations. Nous avions pensé que mora-
lement, économiquement, intellectuellement, au
nom de tous les intérêts et de toutes les facultés de
la vie, ces Expositions seraient pour les peuples des
bénéfices immenses. Il n'en est rien. Nous nous
étions trompés. La preuve en est faite aujourd'hui
pour la France, la France qui vient de se gaver
d'une des plus vastes Expositions qu'on eût encore

admirées, et qui n'a vu se produire aucun des immenses bénéfices que de toutes parts on annonçait.

Des giffles plus ou moins cuisantes, et, en y tombant, plus ou moins grotesques, se sont abattues sur les oreilles et sur le nez de nos illusions, mais elles n'ont peut-être pas tué en nous la plus grande et la plus dangereuse de toutes, celle de croire que ces Expositions, la folie actuelle de tous les peuples, apprennent aux peuples la sympathie — et que c'est toujours la même messe de la fédération du genre humain, qu'on a dite encore au Champ de Mars cette année. Parce que nous y avons vu le roi de Prusse et son ministre Bismarck, communier en bourgeois à cette messe de l'Exposition universelle, nous avons, qui sait? été assez généreusement Jocrisses pour nous persuader que les expositions seraient désormais les grandes alliances de la pensée et du travail, et qu'elles fonderaient une paix éternelle... Mais quel démenti, quelle impertinence de désappointement, quelle terrible giffle doit répondre tout à l'heure à cette idée-là! Ah! quand nous l'entendrons retentir, cette giffle-là, elle nous tirera, il faut le croire, de l'imbécile duperie où nous étions plongés quand, ouvrant les bras à l'étranger, l'incorrigible, l'éternel étranger, en ces expositions imprudentes, nous n'avons pas craint d'apprendre à l'ennemi un chemin qu'il pense peut-être à faire encore, et à lui donner l'envie de revenir à Paris pour autre chose que pour s'amuser!!

L'ÈRE DES SERVANTES

Dimanche, 13 *octobre* 1867.

I

Ce n'a pas été sans effort, mais enfin elle vient de s'ouvrir tout à coup, comme un cactus qui craque, cette ère immense, peut-être le dernier mot de la démocratie ! Les femmes, ces servantes de l'homme, *ancillæ domini,* n'allaient pas mal depuis quelque temps. Elles étaient assez lasses de leur *domini.* Nous avions eu en 1848 Mme Niboyet et le club des femmes. Puis, Mme Audouard, revenue tout à fait homme d'Orient, exigeant pour les femmes d'Occident une Chambre... qui ne serait plus la chambre à coucher. Egalitaires charmantes ! Tout cela était bien, mais n'allait pas assez à fond. Cela sentait encore son patchouli, sa poudre de riz, sa petite aristocratie. Cela n'était pas assez raidement démocratique. Il nous fallait l'ère des servantes, — mais des vraies servantes ! Il nous fallait l'odeur du graillon !

Et nous l'avons maintenant, odeur et tout, cette ère des servantes, qui fait depuis quelques jours flotter son torchon sur nos têtes ! Nous l'avons. Respirons la chose. Soyons heureux et soyons fiers ! Il ne s'agit plus aujourd'hui de Mme Niboyet, la grave Matrone qui mange sa langue depuis 1848 et ravale ses discours : amère nourriture ! ni de Mme Olympe Audouard, — un Olympe de charmes ! — qui ne voulaient, elles, inaugurer que l'ère des femmes et des bourgeoises ayant cuisinière, quand elles l'ont. Il s'agit des cuisinières elles-mêmes et des servantes supérieures, par là, à leurs maîtresses, comme tout ce qui est inférieur est supérieur en démocratie ! Il s'agit de Celle qui a inauguré cette ère des servantes. Il s'agit de Sophie Véron, — comme on dit en style de servantes, — de Sophie Véron, qui, jusqu'ici, n'avait été entrevue qu'à la lueur du feu de sa cuisine, vidant des poulets, — sacrés, il est vrai, par leur destination, ou composant quelque ragoût pour la petite bouche adorée de son doux maître; mais qui est devenue Sophie tout court, c'est-à-dire *sagesse*, — l'amie des sénateurs et des académiciens attendris, et l'Égérie des ministres d'État embarrassés !

Ah ! le Numa que notre grand Delacroix a peint si magnifiquement, et si poétiquement penché sur les bords de sa source, est tout à fait enfoncé! Il y aurait bien mieux. C'est Numa Fould, allant chercher des inspirations et des conseils aux bords de la lèche-frite de Sophie, et les y puisant, et les y goûtant, et s'en *léchant les badingoinces,* comme disait Rabelais.

Ma foi! il manque ici, Rabelais. Il jouirait, lui, le vaste Homère de la mangeaille, qui fit, dans sa merveilleuse épopée, de Tailleboudin un capitaine; il jouirait de voir une demoiselle de cette famille des Tailleboudin traiter Changarnier comme une andouille, et le petit Thiers comme une andouillette.

Changarnier, — un héros *pour de bon*, celui-là! Et le petit Thiers, qui n'est certainement pas aussi difficile à *tailleboudiner* que Changarnier, mais qui ne doit pas cependant, pour Sophie, être aussi aisé à mettre dans la poêle à frire que le goujon du docteur...

Et c'est pourtant ce qui vient d'être révélé au monde étonné par les journaux, devenus les évangélistes de Sophie; les journaux, ces serviteurs des servantes, qui parlent également de toutes les Sophies, depuis Sophie Arnould jusqu'à Sophie Véron; Sophie Véron, dont ils publient les lettres:

> Il est, Sophie, un monstre à l'œil perfide...
> Plus de secret, même pour les amours!

Sophie Véron, à qui ils demanderont des mots, ces ramasseurs de bouts de cigares déjà fumés ! Sophie Véron, dont ils sont capables de nous faire dans quelques jours la Sophie Arnould du XIXe siècle, et même de la préférer à celle du XVIIIe, parce qu'elle fait le dîner, chose décisive pour ces âmes de restaurateurs, et que l'autre, qui se connaissait en gens aimables, ne les y eût pas invités !

II

Eh bien, pourtant, malgré le ridicule profond de la chose, j'avoue que ce qu'il y a d'instinct de haut comique en moi se dresse quand il s'agit de cette Sophie Véron, qu'on vient d'élever, sur le fumier de son monsieur (pour parler toujours comme les servantes), au niveau des plus célèbres personnages ! J'avoue que je me demande avec curiosité ce qu'elle est, cette fille qui n'est, après tout, de fonction, qu'une simple cuisinière, à qui Joseph Delorme, si longtemps amateur du tablier blanc en sa jeunesse, dit si familièrement : *Nous,* aujourd'hui, du fond des honneurs qui sont venus orner ses années? Oui, je me surprends à désirer que M. Sainte-Beuve, le peintre nuancé de toutes les femmes de son temps, nous donne sur Sophie, la grande Sophie d'Apicius Véron, quelque forte biographie au *Moniteur*, au *Moniteur* qui doit bien cela à la cuisinière politique ! Certainement M. Sainte-Beuve y mettra un de ces matins quelque grand pastel, comme il sait les faire, de cet aimable docteur, gras et rose comme les vêtus de soie aimés de Taine ; mais je voudrais qu'il mît en pendant cette Sophie, qui entretint longtemps ses bénignes chairs roses, pour nous, la gaieté du regard !

Je n'ai jamais dîné chez le docteur Véron, et je m'en vante ! Il ne m'a jamais régalé que de ses ridicules, mais j'avoue qu'ils m'ont toujours fait l'effet d'être exquis. N'y ayant jamais dîné, je n'ai donc pu, entre les deux services, aller faire mon petit brin de cour à l'Égérie des Numas ministériels, dans l'inspiration de ses sauces, et j'aurais le plus vif plaisir à lire sur elle les détails que pourrait me donner tel convive heureux qui y serait allé ! Qu'est-elle, en sa personne, Sophie ?... Est-elle encore jeune, cette surintendante de la maison Véron, et potable, cette surveillante aux pots de cornichons et aux pots de confitures, et à tous les pots, car elle n'était pas que cuisinière chez le docteur : elle était gouvernante ; elle était tout ; elle avait l'ubiquité !... De quel pays est-elle sortie flamboyante, cette de Staël du fourneau ? Réalise-t-elle les idées de M. Taine sur les milieux et sur les races ? A-t-elle eu des passions en dehors de son art, cette grande artiste ?. . Y a-t-il eu jamais quelque roman dans son histoire ?... Est-elle restée vierge comme Newton, cette Vestale de la poêle à frire, que, Véron mort, le baron Brisse est seul digne d'épouser sans mésalliance, car le baron Brisse est aussi un artiste qui comprend non seulement son art, mais son temps, cette époque positive où les Cordons Bleus de la cuisine, les Cordons Bleus du Saint-Corps ont remplacé les Cordons Bleus du Saint-Esprit... qui ne sont plus !

Et voilà ce que, sérieusement, je voudrais savoir ! voilà ce que je voudrais demander à la plume charmante M. de Sainte-Beuve ! Je n'ironise point, ne le croyez pas. Sophie Véron est maintenant une Importance, non pas simplement culinaire, mais sociale. Culinaire, elle n'intéresserait guère que les gens sur leur bouche, les Brillat-Savarin du temps. Elle ne serait rien de plus qu'un talent, flairé et découvert par Véron comme une magnifique truffe humaine ; comme ce fameux Dubosc que j'ai connu, — par exemple, — le créateur de cent vingt-trois potages maigres, mais qui ne savait pas le nombre des potages gras qu'il pouvait inventer. C'était l'infini. Louis XVIII, un Véron-Bourbon, qui avait trempé à l'une de ses sauces, lui avait donné le grand cordon noir de son ordre de Saint-Michel.

Mais Sophie, le Cordon Bleu de chez Véron, le bourgeois, l'emporte furieusement sur mon cordon noir de Louis XVIII, car un artiste, si grand génie qu'il ait, n'est qu'un artiste, et Sophie est une initiatrice! Elle est, comme nous disons, dans un de nos plus agréables patois : l'expression d'une tendance sociale. Qu'on ne l'oublie pas! Elle ouvre une ère. La commère est une Révolution!

III

Les bas-bleus y auraient avorté. Les bas-bleus politiques, littéraires, philosophiques et économiques, cette race qui multiplie de plus en plus, n'auraient pu, sans de grandes misères et bien des luttes, établir dans l'opinion cette égalité définitive que la grande Sophie Véron vient d'établir en un tour de broche et de main. Les bas-bleus, d'ailleurs, ne veulent guère que l'égalité entre l'homme et la femme, et Sophie, qui la veut aussi, sans nul doute, va plus loin... et fonde l'égalité entre les domestiques et les maîtres! Quelques robustes esprits la pressentaient bien, cette égalité... Vous vous rappelez cette retentissante affaire de Maurice Roux, où une ville tout entière couvrit de fleurs, et porta en triomphe, ce domestique qui accusait son maître et qui mentait. Mais ce qui se faisait alors, violemment, en faveur d'un polisson qui n'avait que l'honneur d'être domestique, se fait aujourd'hui, tout doux, en faveur de la domesticité tout entière, grâce à la savoureuse Sophie ! Tous les hommes qu'elle a fait dîner, — les premiers de ce noble temps et par la fonction, et par l'esprit, et par les lumières, — ont, d'un ventre reconnaissant, frayé avec elle. Ils l'ont traitée de pair à compagnonne, ils l'ont consultée sur leurs affaires et celles de l'État. « Nous parlerons de celui que nous avons perdu », lui écrit sentimentalement M. Sainte-Beuve, communiant dans les larmes avec elle sur la tombe de cet engraissé dont nous avons tant ri, ô girouettes françaises ! et pour qui nous nous surprenons, depuis qu'il est mort, des sentiments !

Et voyez ! voyez comme déjà le tour est fait, et la révolution s'est simplement accomplie ! Qui donc a trouvé que M. Sainte-Beuve ait été par trop bon prince avec Sophie ?... Qui donc n'a pas considéré cette familiarité touchante comme une juste initiative dans la simplicité des mœurs ? J'ai vu, moi, de braves gens qui en pleuraillaient ! Jusque-là il y avait encore dans les mœurs, ces vieilles mœurs, qui s'en vont, Dieu merci ! qu'une servante n'était qu'une servante, et qu'on riait, dans les Comédies et dans les Contes, quand une de ces drôlesses (on disait encore ainsi !) se mettait sur le pied de camaraderie ou d'autorité avec son maître. Il y avait même une jolie et maligne expression proverbiale pour désigner ces sortes de servantes-maîtresses : On les appelait des *servantes de curé*. Mais Sophie Véron, cette dernière servante de curé, qui avait pour curés, à ce qu'il paraît, tous ceux qui dînaient chez le curé Véron, son « espécial » maître, a emporté le ridicule de la *servante du curé* dans un pli de son tablier triomphant !

Nous ne rirons plus de son grotesque empire... ô Gaulois !

Sophie Véron a certainement plus fait, sans aucun *Oncle Tom* que ses sauces, pour l'égalité du domestique et du maître, que Mme Beecher-Stowe, adorée de John Lemoinne, pour l'égalité du noir et du blanc.

Et voilà pourquoi nous lui dressons, nous, un arc de triomphe, à cette abolitionniste de la domesticité !... L'ère des servantes ! c'est-à-dire plus de servantes, mais des sœurs à qui nous serons forcés de faire un doigt de cour pour leur faire cirer nos bottes !... Des servantes ! allons donc, mais des obligeantes, quand cela leur plaira... à leurs heures ! Et ces heures-là, c'est nous qui les prendrons !...

Nous avions autrefois des *révolutions de palais*. Nous n'avons plus à présent que des *révolutions de cuisine*. Mais après celles-là, qu'aurons-nous ?...

LES LACHEURS

Dimanche, 28 juillet 1867.

I

Cela n'est peut-être pas bien français encore, mais cela le sera, et avant peu, je vous en réponds. Les mœurs soufflettent les Académies. Que peuvent de pauvres Académiciens, ces gardiens de sérail qu'on n'a pas même eu besoin d'opérer pour les mettre en grand uniforme, lorsqu'il s'agit d'empêcher un mot nouveau d'entrer dans la langue, quand ce mot nouveau exprime une réalité nouvelle ? et le mot *lâcheur* s'y est carrément mis...

Il a bien fait et il est bien fait, du reste, ce mot. Être bien fait, le secret de la force pour les mots comme pour les hommes ! Ce n'est pas là un enfant trouvé, né sous un chou ou sous une misère, comme ces robustes bâtards de l'argot que j'ai toujours aimés, pour leur énergie de bâtards... Non ! celui-ci a de la naissance. Peste ! il descend de lâcheté, nom et chose bien connus dans le monde qu'ils expliquent et qu'ils ont souvent gouverné. La lâcheté, c'est la mère des lâcheurs ! Mais il faut comprendre cette maternité. Un soir, à souper, M*me* de Sabran disait au Régent, — au Régent, cette *fille* qui aimait qu'on lui manquât de respect :

« Lorsque Dieu, dans sa gloire et dans sa puissance, eut fait les laquais, il prit de la boue et du crachat qui restaient, et il en fit des princes. » Quand la lâcheté, la mère Gigogne de tant de fi... ! eut fait les lâches, il restait encore quelque chose, un regain, une espèce d'arrière-faix à rejeter de ce vagin mollassement immonde, et ce furent... les lâcheurs !

Mais les lâcheurs ne sont point des lâches. Vous êtes prié de ne pas confondre. Des lâches ! c'est net et c'est précis. Les lâches sont créés par la nature et ses procédés ordinaires. C'est simple comme bonjour. Mais les lâcheurs, c'est beaucoup moins net, c'est une *nuance*, comme dirait Sainte-Beuve. On est un lâche comme on est un lièvre, comme au lieu de sang rouge on a du sang blanc ! Mais les lâcheurs, c'est autre chose. Ils ne sont pas faits seulement par la nature, eux : ils sont achevés par la civilisation. Pour qu'ils naissent, croissent, se multiplient et fassent remous, comme en ce moment, il faut un certain état spécial de société, il faut un degré de ramollissement général qui n'est pas commun, même chez les peuples vieux, et qui détrempe les caractères, comme du pain d'épice dans de l'eau.

J'ai connu des héros qui étaient des lâcheurs. Bedeau, qui mit la crosse en l'air dans les journées de 48, était un lâcheur plein de bravoure. Mais que voulez-vous ? Il était de son temps. Dans toute âme du dix-neuvième siècle, il y a un lâcheur toujours prêt à sortir... C'est là l'ivraie, et cela pousse !... Une mauvaise herbe, dans un coin de marbre, le fait éclater. Il pousse du lâcheur jusque dans les relations de la vie, que l'on croyait le plus solides, le plus à l'épreuve de la bombe, et sous le lâcheur elles s'en vont en deux, comme un mur qui se fend !

Ah ! le lâcheur, cet homme fugace, cette fumée d'homme ! Partout, n'entendez-vous pas dire : « Je faisais telle chose avec un tel ; il m'a lâché, et cette chose est tombée dans l'eau ? » — « Je comptais sur cet homme comme sur un ami. Je le voyais tous les jours. Il m'a lâché ; je ne le vois plus. » — *Je la lâchai !...* — Vous rappelez-vous comme le vieux fat de la comédie disait ce mot-là ? Eh bien ! ce mot, qui nous faisait tant rire, est devenu l'épigraphe du siècle, une épigraphe à faire pleurer ! On ne s'est pas brouillé. On n'a pas rompu. Se brouiller, rompre, c'est clair et franc ; en se brouillant et en rompant, on s'arrache quelque chose, on peut se faire saigner quelque chose, cela implique de l'énergie encore. Mais on s'est lâché, l'un a lâché l'autre, ou l'on s'est lâché de part et d'autre !

Et s'il n'y avait que des lâcheurs en amour, en amitié, en camaraderie ! S'il n'y avait que des mains sans muscle, sans nerf et sans chaleur, de ces mains grasses, aux ignobles doigts de saucisse, qui n'ont jamais su étreindre la vôtre, et qui, le jour où vous les avez vaillamment serrées, ont coulé à travers vos doigts !

Mais il y a des lâcheurs d'honneur, d'opinion, de conviction, de position prise, qui lâchent tout, non pas d'un coup comme le ballon, mais peu à peu, parce que c'est mieux de lâcher comme cela... Rois, ministres, sujets, soldats, prêtres, partis, opposition, penseurs, législateurs, et jusqu'au marmiton de Pascal, tout le tremblement, — et c'est tremblement qu'il faut dire, car ils tremblent tous, et c'est pour cela qu'ils lâchent, — sont des lâcheurs ou sont en train de le devenir !

On se maintenait intégral. On mourait intégral. On ne lâchait rien de soi ; mais lâcher de soi, de sa conviction, de sa pensée, de sa fonction, de son devoir, sous prétexte de largeur, de libéralité, de tolérance, de plus grande compréhension de la vie, est devenu la tendance du siècle et ce qu'il imagine sa sagesse! L'empereur Joseph II disait gaiement : « Mon métier, à moi, est d'être royaliste ; » mais, à présent, que dirait-il?... Le métier de tout le monde, à présent, est de ne plus faire son métier et de lâcher les rigueurs du métier, comme tout le reste.

Dans cette lâcherie qui va son train, dans cette escarbouillade universelle, on va jusqu'à lâcher son sexe. Les hommes deviennent femmes, les femmes, hommes. Il y a des Hercules demoiselles de comptoir, qui minaudent dans de longues barbes noires, et qui vous apportent des guipures et des dentelles sur leurs poignes musclées et poilues. Il y a des femmes blondes, à chair de pâte d'amande, qui se griment en Barbe-à-crocs du génie littéraire et qui veulent être encore les Barbe-à-crocs du génie politique! Et cela ne paraît pas plus bête ou plus insensé qu'autre chose, tant nous avons lâché de notre bon sens dans de ridicules tolérances, dans de ridicules indulgences, au fond desquelles la force, comme la dignité d'une société, n'a plus qu'à mourir!

Énervés par le scepticisme, ramollis par la philanthropie, qui croit à l'abolition de toute espèce de bobo, et dont le dernier succès sera de nous changer en doux bâtons de sucre d'orge, nous laissons faire cette ramollisseuse qui débuta avec

Condorcet par ne pas vouloir de la peine de mort, ni même de la mort, et qui ne voulant plus de peine du tout, ni du fouet pour les enfants, ni de la guerre pour les hommes, cette immense pénalité, essaie de gratter en cet instant les comminatoires de la loi avec la sandaraque du sentiment et, — avant de supprimer entièrement l'armée, le sacerdoce et la magistrature, cette Trinité sociale investie du droit de réprimer et de punir, — d'encotonner les baïonnettes. C'est ainsi que nous travaille la philanthropie. C'est ainsi qu'on abolit Sparte, cette Sparte qui se retrouve toujours dans l'âme de l'humanité quand elle est restée grande et fière ; mais aussi, pour peu que l'on ne meure pas dans l'épreuve, pour peu qu'on ne sombre pas noyé dans cette fonte des esprits et des caractères devenus fange, c'est ainsi qu'on prépare la réaction furieuse de ces lois de Lynch, latentes représailles cachées au fond des cœurs et qui, un jour, pourront en sortir !...

« Y en a-t-il ? Y en a-t-il ? Que de fer ! Que de fer ! » disait le vieux Didier en voyant briller à plein horizon la forêt des lances de Charlemagne. — Que de lâcheurs ! Que de lâcheurs ! pouvons-nous dire maintenant ; mais, différence des temps ! ce que nous voyons, ce n'est pas du fer, c'est du caoutchouc.

II

Oui, du caoutchouc sur toute la ligne et sur toutes les lignes ! Du caoutchouc ! invention adéquate dans l'industrie et dans les mœurs ! Nulle part dans l'histoire, avant ce jour, nous n'avions vu pareil spectacle, et pourtant Dieu sait si l'histoire est féconde en spectacles, ridiculement fameux ! Décadences, corruptions, chutes honteuses, — sinistres ou grotesques, — voilà ce qui regorge dans l'histoire ; mais on n'y avait pas encore contemplé une nation qui n'a pas l'air de mourir, qui se cabre d'orgueil révolté au premier mot de décadence, et qui, quoi qu'elle fasse, donne après tout le ton au Monde, présenter dans ses mœurs ce phénomène unique, non pas d'un relâchement, mais d'une *lâcherie* universelle.

Le relâchement dans les mœurs d'un peuple ! ce relâchement, qui le met si bas et souvent précède immédiatement sa ruine, parbleu ! nous savons ce que c'est ! Mais une nation tout entière, de relâchée (ce n'était pas assez !) devenue lâcheuse, occupée à donner sa démission de toutes ses forces, les unes après les autres, et à proclamer par ses gestes et par ses paroles que la virilité, c'est trop viril!

Voilà ce que nous ne connaissions pas et ce que nous apprenons à connaître! Jusqu'à ce jour, les historiens ne nous avaient pas montré cela. Je sais bien que les historiens, aux gros yeux de bœuf comme Junon, ne voient que les gros faits éclatants qui les crèvent; mais les moralistes, ces lynx qui voient plus loin et plus profond que les historiens, n'ont pas vu plus que les historiens. Ils n'ont pas vu le lâcheur, cette superfétation des derniers temps, qui crevasse tout dans l'état social, et ils ne l'ont pas vu par la bonne raison que, quand ils écrivaient, monsieur n'était pas né.

Tenez, pour ne nous éloigner que de deux siècles, demandez seulement à La Bruyère ce que c'est qu'un lâcheur, il ne sera pas fichu, comme on dit dans le style lâché, de vous le dire. La Bruyère a connu et a peint, dans son temps, l'hypocrite, le libertin, le voluptueux, le gourmand, le fat, le superficiel et le sot, tous les caractères de son époque, qui sont aussi les caractères de la nôtre; mais du lâcheur... Rien! nulles nouvelles. Il n'en avait pas. Il n'avait pas fait jouer le télégraphe de l'avenir! Avec tout le microscope de son esprit, ce sagace La Bruyère, il n'a pas entrevu et ne pouvait pas entrevoir les premiers linéaments de cette végétation sociale, qui devait pousser, à tas, sur nos dernières déliquescences, et y former le magnifique mucus qui recouvre notre crapaudière !

Et si la société du temps de La Bruyère se tenait trop ferme pour que le lâcheur pût en sourdre, demandez à Duclos, à Diderot, à Champfort, à tous les moralistes du dix-huitième siècle, — lequel, lui, ne se piquait pas de rigueur, et se relâchait, Dieu sait la vie ! ce joyeux siècle déboutonné, qui soupait chez le Régent, chez d'Holbach, chez Mlle Quinaut, et qui couchait partout, — demandez-leur s'ils ont aperçu quelque part, dans leur temps, le lâcheur, ce rien du tout, quand il est seul, cette imperceptibilité, ce termite, mais qui, multiplié une fois, comme les termites devient formidable, et dissout tous les liens sociaux, comme les termites dissolvent leur poutre, fût-elle du chêne le plus dur ! Non, même dans leur temps non plus, le lâcheur n'existait pas, et il n'était pas encore près de naître.

Ce n'est pas en effet avec des lâcheurs, et contre des lâcheurs, que devait se faire la Révolution française, cette puissante Révolution dont les idées ne recommenceraient pas aujourd'hui leur travail terrible, tant, dès qu'il s'agit d'efforts, de cohésion, de vigueur d'étreinte, nous sommes devenus des lâcheurs !

III

Car nous le sommes, hélas! plus ou moins. Nous le sommes à tous les étages, en haut, en bas, à gauche, à droite. Peuple de lâcheurs qui n'en rougit pas, qui ne l'est pas de fatigue, d'affaiblissement, de caducité, mais qui, de réflexion, veut l'être. Autrefois, il n'y a pas bien longtemps, il y avait dans ce peuple-là des opinions, surtout, qu'on n'abandonnait pas, qui restaient debout et face à face d'opinions ennemies, sans transaction, sans tiers parti, sans tous ces échanges de concessions, où chacune d'elles, pour s'entendre, a lâché d'elle-même! Il y avait alors des capitaines d'opinions et d'idées, qui ne se rendaient pas, qui ne décampaient pas, qui ne... lâchaient pas le camp, pour ne pas dire un mot plus vif. Il y avait encore de l'étoffe à fanatisme, en France, une étoffe qu'aucune âme maintenant ne serait assez riche pour porter!

Et de penser cela, — une chose terrible, — n'arrêtera donc pas dans leurs éternelles lâchetés, messieurs les lâcheurs?

LES

CHEVALIERS DE LA TABLE RONDE

AU XIXe SIÈCLE

———

Jeudi, 18 *juillet* 1867.

I

D'abord, elle n'est pas ronde. Elle est carrée. Et ceux qui s'assoient autour de cette table ne sont ni des pairs de Charlemagne, ni des héros, et voilà comment les siècles ne se ressemblent pas! Ce ne sont, eux, — ceux-ci, — que les Chevaliers de la choppe ou de l'absinthe, panachée ou non panachée, les Pairs de tout le monde, Pairs dans le bavardage et dans la pose, et souvent dans la médiocrité! Voulez-vous en juger? Entrez dans le premier café venu! Vous les y trouverez tous, le verre devant eux, le cigare ou la pipe au bec, le journal à la main, criant, gesticulant, disputant, et, comme dirait le père Rabelais : « débagoulant, à cœur de journée, sur toute chose! » Ils rappellent tous les vers dédaigneux de Gresset :

L'orateur des cafés et des mauvais propos!

Car ils sont tous orateurs, lâcheurs de phrases, de calembours, d'utopie, de fumée! Chevaliers de blague aussi, — une bien jolie institution du XIXe siècle! Tenez, en voici deux qui entrent : Blaguons, disent-ils voluptueusement, en s'asseyant, après avoir donné leur chapeau au garçon qui le suspend à la patère, et, en se frottant les mains, comme s'ils suspendaient avec leur chapeau toutes les choses sérieuses de la vie, comme s'ils oubliaient la maison, la famille, la fonction, les devoirs, le travail, et que, sortis de chez eux pour se planter là et pour y vivre pendant les plus longues heures de la journée, ils ne se sentissent que là vraiment chez eux! Et c'est qu'ils n'y sont que là, en effet. Oh! là ils se *flanquent* à leur aise, ils débouclent tous les ceinturons, lâchent toutes les sous-ventrières, et sans gêne, de mauvais ton, grossiers, quel délice! se vautrant sur ces bancs-canapés de la banalité, usés et ternis, ils jouissent bruyamment de cette Capoue à bon marché qu'on appelle « la vie de café », cette vie spéciale à notre siècle, et qu'à distance de deux siècles nos pères ne connaissaient pas.

Ces brillants cabarets modernes, fils parvenus de ces cabarets plus modestes où Santeuil et Despréaux allaient boire le vin du pays qui leur réchauffait le cœur dans leurs gaillardes poitrines, n'ont guère plus à nous offrir maintenant que ces drogues de l'autre monde, qui trouent le crâne comme une balle de pistolet, nous brûlent le sang, et provoquent le *delirium tremens* dont mourut Edgar Poë, dans le ruisseau d'une rue! Boutiques d'excitants moraux comme d'excitants physiques, car on y joue comme on y boit, dans ces cafés, comme on y dispute, comme on y frotte sa vanité contre toutes les vanités réunies, ânes qui se grattent, *asinos asini fricant,* ou tigres qui se lèchent pour s'écorcher. Ah! les cafés, ces salons de mauvaise compagnie où la maîtresse de maison est remplacée par la dame de comptoir! les cafés, ces palais de la bohème, ces Alhambras pour des pouilleux, qui s'y donnent des airs de califes entre la tasse de chicorée et une cigarette de *caporal ;* les cafés, qui sont en train pour l'heure de démolir le logis, le *home*, le coin du feu, la vie de famille, l'intimité chaste et recueillie, quelle belle histoire pour un moraliste que d'écrire celle de leur influence !

Mme de Staël a manqué celle-là !

Mme de Staël, qui a inventé la littérature des influences, — qui nous a fait l'*influence des passions sur le bonheur individuel;* — qui nous a fait l'*influence des passions sur la littérature,* — ne nous a pas fait celle des cafés.

Étant toute petite, cependant, chez Madame sa mère, quand elle écoutait jaser les messieurs, assise sur son tabouret de fillette, entre les genoux de singe de l'énasé Gibbon, elle a dû entendre parler avec admiration de ce fameux café Procope où Diderot, moins éloquent que M. Necker, — naturellement ! — mais suffisamment sublime encore comme ça, se livrait à ses pétarades philosophiques et démolissait Dieu, entre une partie d'échecs et une partie de tric-trac ! Mais, à part ce grand café Procope, je m'imagine que Mme de Staël, qui n'était ni une Mme Niboyet ni une Mme Audouard de son temps, ne savait pas grand'chose sur les cafés. Si virile qu'elle fût, cette grenadière de lettres, elle n'y allait pas... D'ailleurs, les cafés de son temps n'étaient pas littéraires. Ils étaient militaires, comme son temps. Ils étaient le théâtre de bien d'autres tapages que des tapages d'idées ou de mots. On s'y provoquait. On s'y souffletait. On s'y cassait les reins. On s'y envoyait des bouteilles à la figure. On y faisait voler en éclats les lustres et les glaces. On y montait sur le tapis des billards pour mettre l'épée à la main. Et c'est longtemps après Mme de Staël, — c'est particulièrement en ces dernières années d'un siècle dont la fin ressemble si peu au commencement, que les cafés ont repris la tradition du café Procope, et que les flaireurs d'influence ont à constater, s'ils veulent, l'influence de ces affreuses boutiques sur notre société et sur notre littérature !

Oui, les cafés... Ne souriez pas, superficiels. Je n'exagère pas, et je n'aime pas plus que vous les thèses puritaines... Oui, les cafés ont assez multiplié et assez grandi pour qu'on ne puisse facilement reconnaître en ces établissements d'un luxe presque insolent, la noire caverne du café Procope, qui date avec éclat l'ère des cafés en France. Ils ont, certes, pris assez de place dans nos habitudes et dans nos mœurs. Nous sommes nés d'hier, disait Tertullien, des chrétiens de son temps, et nous sommes partout, nous couvrons tout. Les cafés ! mais sur vingt maisons, dans chaque rue, il y a un café, et il est toujours plein ! D'un autre côté, à son tour, le *Neveu de Rameau*, ce hanteur du café Procope, a fait immensément de petits ! Eh bien, pour tous les *Neveux de Rameau* du XIXe siècle, qui mangent leur oncle de son vivant, pour toute cette inépuisable race d'eunuques intellectuels qui se perpétuent on ne sait comment, et qui prouvent que même l'impuissance peut avoir sa fécondité, tout café, maintenant, quel qu'il soit, est une espèce de café Procope, une image dégradée de ce fameux café qui vit tous les beaux esprits du xviiie siècle s'asseoir autour de ses tables, et qui fut le berceau du premier bavardage public que la France ait jamais entendu, et que tant d'autres devaient suivre ! L'immense bavardage n'a pas cessé, et dans ce moment il détonne. Les Procopes du xixe siècle n'ont pas sans doute de Diderot bouillonnant parmi leurs orateurs ordinaires, ni de Lesage parmi leurs joueurs de dominos. Mais ils ont ce qu'ils ont. Ils ont tous ceux-là qu'ils attirent. Ils ont enfin tous les esprits sans cœur qui préfèrent au travail chez eux, au silence, au recueillement, à la solitude, couveuse de la pensée, l'écho vain et l'inepte galerie de ces cafés, qu'on pourrait appeler des *bavardoirs*.

Bavardoirs, fumoirs et crachoirs, où les hommes se dépensent en conversations prétentieuses, hâbleuses, inutiles, y a-t-il, à votre connaissance et à la mienne, assez de germes de talents avortés et perdus par le fait de cette vie oisive de café qui s'universalise de plus en plus, et qui, comme tout ce qui tend à mêler les hommes, tend à les superficialiser ? Politiques de café, peintres de café, sculpteurs de café, gens de lettres de café, critiques de café (faites le tour de l'esprit humain!), lesquels, en dehors du café, ne sont ni politiques, ni peintres, ni sculpteurs, ni gens de lettres, ni critiques, ni rien du tout, si ce n'est peut-être des impuissants qui se jouent à eux-mêmes et aux autres la comédie de leur supériorité méconnue! Les cafés sont la Sainte-Périne des vieux débutants éternels, et qui n'en peuvent plus, des auteurs tombés qui se ramassent là, l'amour-propre en morceaux, et qui en opèrent le recollage en ces conversations consolatrices qui consolent en France de tous les échecs; car dire comme quoi on n'a pas réussi, suffit à la très drôle fatuité française et lui fait encore un succès! Grandes casernes de l'envie, qui y *astique* des mots, des anecdotes et des calomnies contre toute célébrité qui s'élève, et qui méprise les camaraderies de l'heure de l'absinthe ou du vermouth! Faux salons où notre sociabilité naturelle va s'engloutir (hélas! je le comprends!), en ce temps où les salons vrais disparus ont été remplacés par des expositions de toilettes enragées, dont les femmes ne sont que les mannequins, les cafés ont tous les inconvénients des salons vrais sans en avoir les avantages! Otez la ravalante familiarité de la camaraderie, il n'est ici ni convenance, ni politesse, ni respect. Et comment pourrait-il y en avoir, du reste?

Dans un lieu où chacun a le droit de se mettre à

côté de vous pour son argent, les convenances, c'est ce qui convient à soi-même. L'Égoïsme, ce gros ventru, cette citrouille qui prend toute la plate-bande, y veut ses coudées franches et se soucie peu, pour les avoir, des coups de coude qu'il donne, et il a raison ! Il est dans son droit, l'Égoïsme. *Chacun chez soi, chacun son droit,* comme disait Dupin ! Pas de politesse sans les femmes. Les amours-propres des hommes sont si ruants, qu'il faut leur mettre toujours, pour qu'ils ne se maltraitent pas, la barre qu'on met aux chevaux, à l'écurie, même à la mangeoire, et cette barre, ce sont les femmes. Au café, il n'y en a qu'une, devant laquelle on ne se gêne pas plus que si elle était un des mascarons qui ornent son comptoir. Pauvre malheureuse ! Il faut, pour rester dame de comptoir dans un café, être plus qu'un bon cheval de trompette ; il faut être la jument de bronze de l'Impudeur, qui ne se cabre point devant les indécences qu'on dit autour d'elle, et qui doit se montrer impassible sous le feu croisé des plus sales propos ! Seulement, si ce n'est pas assez pour inspirer la politesse aux hommes qu'une dame de comptoir, c'est assez pour exciter leur vanité, à ces hommes, qui sont tous les mêmes dans leurs prétentions à l'aspect du moindre jupon, même bêtement porté, et qui devient le chiffon rouge excitateur en cette joûte perpétuelle et comique de coqs qui veulent être regardés... par la poule !

Et regardés! entendus! remarqués! trouvés beaux! quand ce ne serait pas même par la poule! Entre eux, tout simplement entre eux, les hommes sont aussi fats maintenant qu'ils l'étaient avec les femmes autrefois. Les fats sont devenus les poseurs : nom moderne comme la chose qu'il exprime. Les Poseurs! les Poseurs qui, s'ils ne sont pas nés dans les cafés, y vivent comme dans leur encadrure! y parlent haut pour qu'on les entende! y font les beaux bras pour qu'on les voie! pour qu'on dise à la table voisine et que le son de cela leur revienne : « Vous voyez bien ce monsieur là-bas? Eh bien, c'est M.... un tel. » Trop heureux si on dit : « C'est le fameux un tel. » Alors, ils sourient dans leur barbe, ils se la peignent lentement d'une main contente, et s'allongent, dans les glaces d'en face, des regards!... Ah! l'amour-propre qui se confit, quel bon spectacle!

Il y a toujours bien dans un café de Paris quelqu'un qui vous connaît, que diable, et qui peut vous nommer à un autre qui ne vous connaît pas. Et si avec cela vous avez la moindre notoriété, grosse comme une tête d'épingle, si la veille vous avez fait jouer le plus mince petit vaudevillet, — poussé le moindre petit bruit quelconque, alors entrez dans un café! Et laissez-moi vous regarder, vous regarder seulement, et je serai heureux! Autrefois la Gloire était représentée comme une batteuse de tambour ou une sonneuse de trompette. A présent, il faudrait la peindre offrant des petits verres et en demoiselle de café !

II

Et cela doit être ainsi, du reste. Quand on réfléchit, pareille chose vous apparaît comme un développement naturel et une conséquence, très peu surprenante, de toutes les tendances du temps présent. Les cafés entrent pour leur part dans la grande farandole des mœurs que nous nous faisons pour l'heure, et qui ne doivent ressembler, en aucune manière, aux vieilles mœurs du temps passé. La vie publique, comme une mer qui ronge le pied d'un roc, et qui va monter alentour, entame chaque jour un peu plus la vie privée, et cette vie privée, où l'homme se retrempait autrefois contre l'*usé* dévorant de la vie publique, la vie privée, mère de la force personnelle et de la fière originalité, cessera un jour d'être... et les cafés sont les caravansérails de la route dans le chemin que nous faisons vers cette époque de fraternité et de méli-mélo universel, où nous nous régalerons tous à la même gamelle :

Comme des chiens errants *buvant* à l'abreuvoir!

Assurément, lorsque la tendance la plus marquée du temps actuel est de faire tout en public, quand il y fera tout, vous verrez, — et peut-être les enfants aussi, car j'ai connu un philosophe qui, par piété pour l'humanité, maintenant Dieu, comme on sait, voulait que les enfants se fissent solennellement au conspect des peuples, sur ce qu'il appelait, lui, l'autel de la nature, — quand enfin il y a de pareilles fermentations dans l'atmosphère des idées, tout aussi réelle que l'autre atmosphère, étonnez-vous donc que les cafés subsistent, remplacent la maison, et soient même un refuge contre les disciplines de la maison, et des commodités de liberté bien agréables à tous ceux qui veulent, pardieu! se débonder. Étonnez-vous que les cafés soient des centres d'opinion et aient puissance sur l'opinion!... Étonnez-vous, non seulement que les bohèmes, les lazzaroni de cette société débandée y viennent pendant le jour, puisque la nuit ils sont fermés, chercher une pierre, — non, mais un coussin pour reposer leurs têtes, — mais que les hommes riches y viennent autant que les bohèmes, et préfèrent ce luxe voyant et vulgaire, ce grossier confort mercantile, aux délicatesses, aux fantaisies et aux recherches d'un luxe domestique intelligent!...

J'ai vu, moi qui écris ceci, des écrivains qui n'étaient pas de pauvres diables, — comme j'en connais aussi, lesquels, au prix d'un simple grog, font au café, du matin au soir, leur *correspondance de province*, — mais qui, opulents, avaient chez eux largement ce que j'appelle toutes les aises de la pensée, et qui travaillaient au café, — qui y faisaient leurs livres entre deux conversations imbéciles aux tables voisines, lesquelles conversations tombaient parfois dans le livre, éclaboussant tout de leur bêtise, petit accident dont l'auteur ne s'apercevait pas! Oui, ils écrivaient sur la table de marbre au milieu du bruit, — du va-et-vient de tout le monde, — de la poussière que les garçons faisaient en balayant vers deux heures, — et ils allaient ainsi jusqu'au soir, pour reprendre après le dîner! Ils écrivaient au café comme on ramait anciennement sur les galères du roi, mais l'idée qu'ils étaient au café allégeait toutes les besognes.

Ils se croyaient... Que se croyaient-ils? Je n'en ai jamais eu l'idée claire... Mais ils avaient sans doute l'amour du café, le dandysme du café, lequel a, comme tout, son dandysme; et une fois qu'il y a dandysme, le plus fort des hommes ne sait pas jusqu'à quel point il peut aller!

Et ce n'est pas là une chimère! Il y a des dandys

de café; il y a des gens pour qui l'opinion qu'on doit saluer, l'opinion qui fait plier leur propre bon sens, est l'opinion de leur café, devant laquelle ils escarbouilleraient leur cervelle! Je sais, pour ma part, un rédacteur en chef que je ne nommerai point et qui passe pour fort, lequel n'oserait pas vous féliciter d'un article qui lui plaît, si chez Peters ou chez Grosse-Tête, on ne l'avait pas trouvé bon! Cet homme, qui se croit certainement quelque chose, et qui n'est qu'un garçon de café, puisqu'il *prend l'ordre* de son café, comme les autres garçons de l'établissement, devinerait que je parle de lui en écrivant ceci, qu'il n'en serait ni blessé ni honteux, par la raison que c'est un dandy de café. Les dandys de café, type curieux, mais déjà vulgaire! Beaucoup de rédacteurs en chef, Turcarets du journalisme en voiture, sont des dandys de café qui y déjeunent tous les jours, pour le plaisir du parvenu de fourrer un louis sur l'assiette et de se voir rendre, sensation nouvelle! sur un louis. Et à quatre heures, — cette heure solennelle de l'absinthe, et des nouvelles et des tripoteries, — ils y reparaissent, déposant là pour un moment le poids de l'empire, et voulant bien batifoler! Les dandys de café, pour qui la France c'est leur café, dominés quelquefois par une antichambre ministérielle!... Ces dandys de café, qui font de la politique de café, de la littérature de café, de l'art de café, et qui nous *font prendre notre café,* à nous, — à nous qui aimons à respirer l'arome de tous les ridicules de ce temps, et qui les gardons en cassolettes pour la réjouissance des nez futurs qui voudront jouir !

Seulement, chevaliers de la choppe et de la demi-tasse, qui vous contentez de boire dans votre verre et à votre table, — ce qui me fait l'effet d'être encore bien *aristocrate,* au lieu de boire au même goulot, à *la fraternelle,* comme un jour vous y boirez, — combien vous faudra-t-il de siècles pour paraître, aux gens des cafés de l'avenir, aussi poétiques et aussi fabuleux que nous le paraissent à nous, en vous regardant, les chevaliers de la Table Ronde et les douze pairs de Charlemagne?

ET SURTOUT PAS D'ENNUI !

Dimanche, 23 juin 1867.

I

En voilà une consigne hardie ! Ne trouvez-vous pas ? « Et surtout pas d'ennui ! » Qui dit cela ? Comment, vous l'ignorez ? Mais c'est le mot d'ordre que l'*Époque* vient de se donner à elle-même ! L'*Époque*... vous savez... ce journal qui ne fut jamais un serpent, et qui change de peau et se taille en ce moment un habit dans une peau nouvelle. Oui, c'est cette pauvre *Époque*, incolore, inodore et insipide (les qualités de l'eau, moins la pureté), qui, oublieuse de son passé, ose aujourd'hui inscrire crânement, sur la bannière de son programme, ces mots présomptueux et légers : « Et surtout pas d'ennui ! » comme s'il s'agissait seulement de ne pas vouloir être ennuyeux pour ne pas ennuyer son monde ! Eh bien ! par Dieu, nous allons voir ! Nous allons voir comme elle va s'y prendre, cette *Époque* endimanchée dans son habit neuf, pour être amusante, pour éviter l'écueil universel, pour chasser, si haut la main, de chez elle, l'ennui, ce vieux cul-de-jatte d'ennui, accroupi, à présent, dans tous les journaux, et que le talent lui-même — quand il y en a — n'est pas capable de faire entièrement déguerpir ! Chateaubriand disait des faiseurs de coups d'État qui manquaient leur coup : « Ils croient qu'il n'y a qu'à enfoncer leur chapeau et donner de l'éperon ! » Et l'*Époque*, qu'il n'y a qu'à dire, impérieuse et comique : « Et surtout pas d'ennui ! » pour ne pas être ennuyeuse ! Elle croit, elle, qu'il n'y a, pour nous intéresser et nous divertir, qu'à nous montrer une fois de plus ce que nous montrent, depuis des temps infinis, tous les journaux entre leur quatre chandelles ! En cela, l'*Époque* ne connaît pas l'époque. Elle méconnaît les obligations de son titre. Je la destitue de son nom.

Et, de fait, l'*Époque* n'y peut rien, ni malheureusement personne ! Ce n'est pas l'*Époque* (le journal) qui est ennuyeuse, quoiqu'elle puisse très bien l'être et continuer sa tradition, c'est le siècle (pas le journal non plus), mais le siècle, le XIXe siècle, qui est ennuyé. Or, les ennuyés,

vous le savez, sont aussi ennuyeux que les ennuyeux
sont ennuyés. C'est un prêté pour un rendu. C'est
une douce revanche ! L'ennui donc, l'ennui universel, voilà le mal, et pour nous servir d'un mot
ennuyeux aussi, le mal *constitutionnel* du XIXe siècle ! Nous avons beau soupailler et cocotter, nous
nous ennuyons ! L'ennui est à califourchon sur nos
nuques : solide cavalier qu'on ne désarçonne pas !
L'ennui, le fils des civilisations excessives, arrivées
à ce point d'épuisement qu'on n'a plus qu'à répéter les mots déjà dits ! Si déjà, il y a une vingtaine
d'années, M. de Lamartine, ce grand poète dont, malgré son génie, on est aujourd'hui ennuyé comme
de tout, constatait dans une phrase célèbre, qui
restera comme une inscription lapidaire de l'histoire, que « la France s'ennuyait », que pourrait-il
dire aujourd'hui ? A la France, il pourrait ajouter
l'Europe et même le monde tout entier ! Croyez-
vous que le roulement actuel de tous les peuples
vers Paris, auxquels on appliquerait très bien, mais
en le renversant et en l'élargissant, le mot d'Anne
Comnène, parlant de la plus considérable des
Croisades : « Il semblait que l'Europe, arrachée de
ses fondements, se précipitât sur l'Asie, » croyez-
vous que cette croisade de la curiosité qui a remplacé la croisade de la foi (avec quels avantages ?
nous le saurons plus tard !) ne soit pas le signe colossal du colossal ennui qui pèse sur le monde ?

Croyez-vous que si chaque peuple s'intéressait chez soi et y vivait d'une vie fortement religieuse, nationale ou artiste, de la vie des sentiments intenses et des idées spirituelles, ils se rueraient tous, comme ils le font, pêle-mêle, à cette exhibition, à cette exposition des choses physiques, qui est peut-être le dernier mot du matérialisme sur la terre? Croyez-vous enfin que si les souverains de ces peuples ennuyés, qui ont remplacé les bœufs des rois fainéants par la locomotive aux ailes de feu, n'étaient pas pour le moins autant ennuyés que leurs peuples, ils arriveraient tous, comme des juges de province en vacances à Paris, avec la fringale de s'amuser, et le pied encore dans ces bottes que Charles XII n'ôta pas pendant sept ans, — mais pour aller plus vite à la bataille, — courraient se régaler... de quoi? par exemple, de la *Grande-Duchesse de Gérolstein*, cette farce musicale née du besoin de farce, inhérent aux peuples qui s'ennuient, — ce qui, par parenthèse, explique, dans tous les ordres de faits, les triomphes et les incroyables fortunes de toutes les queues rouges de ce temps?

II

Car l'art a ses queues rouges, et la littérature aussi, et le journalisme, et tous les états, et toutes les industries, ont les leurs. Dans les siècles ordinaires où les grands intérêts de l'esprit et les violentes passions du cœur existent et produisent, les queues rouges ne sont que des queues rouges, des amuseurs qui font rire en passant, et sont, pour leur peine, assez méprisés. Mais quand l'ennui écœure les âmes, les queues rouges deviennent flamboyantes et sont les comètes... à queue, de la situation. Ne racontait-on pas que Brunet, il y a déjà je ne sais combien d'années, était un dieu pour le prince de Metternich, le grand ministre, et Paul de Kock, l'Homère de cet Alexandre de la diplomatie ?... Dans ce temps-là, l'ennui n'existait guère qu'en haut, dans les sphères supérieures qui sont si souvent des sphères vides, tandis que maintenant il est partout, en haut comme en bas.

Nos fébriles activités, nos mœurs bruyantes, l'assommante nécessité de gagner pour vivre sa misérable pièce de cent sous, ne nous en ont pas préservés. Il s'est étendu sur nous tous, peu à peu et silencieusement, à travers ce que nous faisions, comme une inondation nocturne. Nous sommes tous couverts. Nous avions l'égalité civile et politique. Nous avons aussi, par dessus ou par-dessous (comme on voudra, *as you like*), l'égalité dans l'ennui. Or, l'ennui n'est pas difficile. Il manque profondément de fierté. Ce qu'il lui faut, c'est à tout prix de se débarrasser de lui-même, et pour cela il n'y a pour lui ni bassesses d'âme, ni bassesses de goût. Tout est bon. Le bison se roule dans la fange pour se guérir de ses blessures, voilà une image de l'ennui! Est-ce que pour redonner du cœur à ceux qu'il ronge, il n'est pas bon de leur faire un peu la honte de l'étudier?...

III

En dehors des misères individuelles et particulières à chaque âme, je ne connais guère que trois grands ennuis qui comptent dans l'histoire. C'est l'ennui romain, l'ennui anglais, et l'ennui de cette heure du siècle, qui est le nôtre, et comme les peuples en sont à la mêlée et à la vautrerie, qui tend à devenir cosmopolite autant que nos mœurs, ces trois ennuis, ces trois genres de lèpre, se ressemblent et diffèrent. L'ennui romain, le plus terrible des trois, fils de la satiété de la Toute-Puissance, — un genre de blasement qui ne s'est pas renouvelé depuis, du moins dans de telles proportions, — fut d'un sérieux qui épouvante encore, et qui a poussé ceux qui le ressentirent à des horreurs d'une immortelle mémoire.

L'Apocalypse elle-même n'a pas, dans ses épouvantements, de dragon plus affreux que cette bête pourpre à plusieurs têtes de César, qui furent Tibère, Caligula, Caracalla, Néron, Héliogabale, ces mascarons méduséens d'une civilisation forcenée, mère d'un ennui forcené. L'ennui anglais, qui ressemble par quelques traits à l'ennui romain, en diffère cependant autant que peut différer de l'ennui d'un peuple païen l'ennui d'un peuple chrétien, qui n'a pas éteint, qui n'éteindra jamais, quoi qu'il fasse, l'étincelle de spiritualisme que le paganisme et le matérialisme romain étouffèrent, eux ! sous le poids de l'univers, qu'ils avaient pris et mis sur leur âme... En effet, il est évident que le matérialisme anglais n'équivaudra jamais au matérialisme romain. L'ennui anglais aura beau *machiniser* tout, que, dans ce fer forgé par lui, dans cet acier de Birmingham qu'il aura trempé, il se rencontrera une petite paille qui fera soudainement éclater le métal et la mécanique, et cette petite paille, c'est la famille, — la famille telle que le christianisme l'a constituée, et qui est le cœur vivant de l'Angleterre ! Presque aussi sérieux que l'ennui romain, l'ennui anglais en frise parfois l'atrocité, car là où il y a un taureau qui éventre un homme, un dompteur de bêtes dont le visage peut être croqué comme une pomme par une gueule sanglante, un Anglais est là, le binocle dans l'œil, pour se donner la sensation romaine; puisqu'il n'y a plus de gladiateurs ! Contracté à Londres, exaspéré à Calcutta, l'ennui anglais, ivrogne et nabab, qui se fuit à travers le monde, emporte avec son *spleen* sa famille, cette panacée qui ne le guérit pas toujours, mais qui le calme et qui l'arrête sur la pente de la monstruosité romaine, tandis que l'ennui... est-ce français qu'il faut dire ? non ! mais de l'heure présente, et dont nous sommes témoins, le troisième ennui n'a rien de tout cela. Il n'a ni le sérieux, ni le tragique, ni l'atroce des deux autres. Seulement, défiez-vous, défiez-vous, ô moralistes ! l'ennui des peuples superficiels est peut-être pire que celui des peuples profonds !

L'ennui des peuples superficiels, dont c'est la seule profondeur !

Ah ! cet ennui-là, que vous en dirai-je ?... Qui ne le connaît ? qui a besoin de l'analyser ?... Regardez en vous-même. Vous en saurez autant que moi sur cette inénarrable défaillance, sur ce mal de cœur de notre pauvre temps ? Cet ennui-là, ceux qui l'éprouvent le plus en ont fait justice, en ne l'appelant plus même du nom d'ennui qui l'exprimait autrefois ! L'ennui, ce sentiment de lion nostalgique, lassé et repu, s'est encanaillé comme tout le reste. On ne l'appelle plus de l'ennui, on l'appelle de... l'embêtement. On l'appelle encore... le second mot. Vous l'entendez partout ; mais, malgré Cambronne et M. Victor Hugo, je ne suis pas encore assez du XIXe siècle pour l'écrire. Aimables mœurs et délicieux langage ! On dit, sans le moindre dégoût : « Je m'embête, » au lieu de « Je m'ennuie. » On ne dit pas, il est vrai, l'autre mot à soi-même, mais on le dit très bien à un autre, ce mot ignoble, qui ne signifie pas autre chose que la pestilence universelle, que l'infection générale qu'on se donne et qu'on se rend de toutes parts...

IV

Eh bien ! franchement, c'est cet ennui contre lequel l'*Époque*, la guillerette *Époque* veut aujourd'hui combattre ; c'est ce dégoût universel, qui plane sur tout, qu'elle veut conjurer ! Elle comprend la situation, cette fûtée, dont l'administrateur général s'entend au commerce ! Elle sent que ce monde ennuyé, et embêté,... et le reste, — le troisième mot et la troisième chose, — a besoin de sortir de cette oppression de l'ennui, — de l'embêtement — et surtout de la troisième chose... ineffable, et pour cela elle est prête à tout ! Elle nous donne son programme aujourd'hui, la petite exposition de ce qu'elle va faire, et cela paraît peut-être un peu gringalet après l'Exposition universelle. En somme, c'est toujours le même vieux mobilier de tous les journaux qui ne le renouvellent pas, et dont on ne peut pas faire, hélas ! malheureusement, quand le diable y serait, des Cafés-Chantants, car le succès serait sûr alors. C'est toujours le premier *Paris*, au ventre majestueux ; le roman filateur, qui file, file, file ; la chronique, scandaleuse à point ; et toutes les amusettes qui sont les plus hautes nécessités du journalisme contemporain. Vous verrez que les matérialistes ennuyés de cet âge, qui n'ont plus de vie que dans les yeux, préféreront à tout l'esprit futur de l'*Époque*, les tapis turcs et les bijoux chinois. Elle ne se doute pas, la malheureuse, des déceptions qui l'attendent, mais elle n'en a pas moins le chapeau sur l'oreille.

Elle n'en fait pas moins clic-clac, comme le postillon de Longjumeau, et même un clic-clac assez rude pour ses rédacteurs, à qui elle allonge un « et surtout pas d'ennui ! » que je trouve menaçant ! « Pas d'ennui ! » dans ce temps ennuyé ! Comment fera-t-elle pour éviter ce qui est dans l'air même que nous respirons ?... Elle est prête à tout pour divertir son public, c'est très bien. Mais cela peut la mener loin !

Du reste, qu'importe ! Un jour, le cardinal de Richelieu, de terrible mémoire, — un ennuyé aussi, — mit ses jambes et ses bas rouges de cardinal dans un pantalon de velours vert, et, castagnettes aux doigts, dansa une sarabande. Après un tel exemple, ce n'est pas l'*Époque*, qui n'a ni la dignité, ni la qualité de Son Éminence le cardinal de Richelieu, qui peut avoir peur d'aucune espèce de pantalon !

LES PETITS VENTRES

Dimanche, 31 mars 1867.

I

Puisqu'aujourd'hui c'est le genre à la mode que la littérature personnelle, qu'on me permette de parler de moi, — deux minutes, — comme si j'étais un chroniqueur.

Depuis longtemps, je ne suis plus ce qu'on appelle un homme du monde. Le monde et moi nous nous sommes dit, l'un à l'autre, ce que nous avions à nous dire, et *Mire dans tes yeux mes yeux !* est une romance que je ne lui chante plus. Seulement, comme un vieux corsaire retiré, qui fait parfois sur mer un tour de barquette, je fais encore parfois, dans ce monde abandonné, une pointe, —

et c'était une de ces pointes-là que je faisais chez la comtesse de Bor..., il y a quelques soirs.

La comtesse est une belle personne de vingt-sept ans (de vingt-sept ans pour trente, car, à Paris, trente c'est toujours vingt-sept), et son mari, — un des meilleurs gymnastes de chez Triat, — n'en a pas quarante. C'est Romain et Sabine; un couple superbe et musclé! et il n'y avait point à s'étonner du tout, — mais du tout! — que la comtesse fût dans la *position intéressante*, inventée par les bégueules anglaises, pour dire... une chose simple comme bonjour. Je ne m'en étonnai donc point, et je ne l'aurais même pas remarqué si, en se levant pour recevoir la princesse Imalo... qui entra dans le salon avec le faste languissant de la maternité heureuse, — à son premier bonheur, — je n'avais vu, comme les deux soleils du poète, deux charmantes lignes courbes aller au-devant l'une de l'autre.

— Tiens, pensai-je, on dirait qu'elles sont du même mois!

Et je me mis à rêver... à ce qui ne me regardait pas, quand une troisième femme qui marchait presque sur la traîne de la princesse, tant elle entra tôt après elle, fit surgir à son tour des flots de sa robe de velours, vert comme l'Océan, un troisième soleil de maternité rayonnante, mais d'un disque plus grand et plus bombé... Et, coup sur coup, cette majestueuse à pleine ceinture fut aussi immédiatement suivie d'une autre, toujours dans le même état glorieux de ventripotence maternelle !

— C'est donc la fête des femmes enceintes, que la comtesse célèbre ce soir ?... glissai-je à l'oreille de ce diable de Bornst... que les femmes appellent « le Serpent-Noir », à cause de la noirceur de sa langue (la noirceur morale, bien entendu, car sa noirceur physique, je ne pense pas qu'elles la connaissent...). Il n'eut point le temps de me répondre. Il riait de ce rire silencieux, aux lèvres retroussées, que Méphistophélès a pour sourire, et, du doigt que les gens du monde savent mettre dans leur œil, il m'indiquait la vieille Mme Duv... qui parle toujours, en fait d'hommes séduisants, des grenadiers de la première Garde impériale, et qui, elle aussi, maigre comme une vieille cravache, écaillée à force d'avoir servi, étalait comme une chose naturelle un petit ventre tout aussi bien modelé, ma foi ! tout aussi rondelet, tout aussi réussi que celui de ces autres dames, et qu'elle virait et retournait, à gauche et à droite, en faisant ces antiques airs de coquette posthume, ces sourires promenés au bout d'une perche dans toute l'étendue d'un salon, comme un filet dépenaillé dans lequel ne se prend plus la moindre crevette...

J'en bondis presque de surprise.

— Ah ! fis-je à Bornst... bon pour les autres encore ! Mais pour Mme Duv... ça n'est pas possible... Que diable ! les temps de sainte Élisabeth sont passés ! C'est donc une maladie, une maladie épidémique... Du moins, on le dirait, ce soir... Presque chaque siècle a eu sa maladie. L'un a eu la peste noire. L'autre, le feu Saint-Antoine. Pourquoi notre temps n'aurait-il pas...

— Le feu des grossesses ? interrompit Bornst... de sa voix mordante, même quand il parle bas. — Allons donc, le siècle est malthusien, mon cher !... On voit bien — continua-t-il en m'entraînant dans l'embrasure d'une fenêtre, — que vous êtes devenu un solitaire et que vous ne dégringolez pas souvent de votre colonne de Stylite, car vous sauriez que de toutes ces *positions intéressantes*, révélées par ces délicieux girons accusateurs, il n'y en a peut-être pas une seule vraie, et que tout cela est affaire de mode, d'esthétique et de... caoutchouc ! De rondeurs en rondeurs montrées, nous en sommes arrivés au ventre des femmes enceintes ! Mon Dieu, oui ! Comme disent MM. les calicots qui les vendent : en ce moment, rien de mieux porté. Cela se nuance beaucoup dans la forme... Il y a les *termes* (c'est le nom qu'on a donné à ces amours de postiches), puis les *demi-termes* pour les très jeunes filles ! C'est à dégoûter vraiment de la virginité ! Dans un temps qui tourne à la mère, et où l'affectation du sentiment maternel est la seule hypocrisie que nos lâches mœurs se permettent, nous fourrons la maternité jusqu'en mode, et nous coquettons avec son signe extérieur que nos pères — qui aimaient leurs femmes pourtant, et mieux que nous! — trouvaient laid et traitaient comme un inconvénient. Nos pères étaient des imbéciles. Il ne s'agit plus maintenant, en fait de mode, de ce qui est joli, seyant, plaisant aux yeux; pour le moment, il nous faut du sentimental, du moral, du pudique! La réaction commencée par les *Idées de Mme Aubray* continue... Autrefois, les femmes, si vous vous le rappelez, mettaient, vous savez où, un quelque chose qu'elles appelaient crânement (le mot est consacré) un *polisson*. Eh bien, en le changeant de côté, il devient un *terme*, et au lieu d'un *polisson*, en le retournant, vous avez... une pudeur !

II

Voilà, sur mon âme, comment, l'autre soir, j'appris d'un dandy renseigné de ce temps baroque, cette mode nouvelle des petits ventres qui va régner sur le monde moralisé et attendri, et qui, en drôlerie et en fantocherie, enfonce les Chinois eux-mêmes ! Oui, les Chinois, qui ont fait mon bonheur toute ma vie, seront enfoncés du coup jusqu'à la queue de leurs crânes rasés ! Eux, les adorables civilisés et corrompus tout à la fois, quoi qu'on ait dit, *non bis in idem*, n'ont inventé que des portes, rondes comme des chattières, pour la commodité des hommes qui n'y passaient pas à quatre pattes, mais debout. Ils n'ont inventé que de casser le pied à leurs femmes, pour les faire marcher comme des oies, et de se gorger, eux, de riz comme des sacs, pour se donner ces impayables tournures de poussahs qu'ils ont presque tous, dans ce pays, sans être députés du centre; mais enfin, si magots et poussahs qu'ils soient et puissent être pour leur propre compte, ils ont au moins respecté la taille de bambou de leurs pauvres petites compatriotes, et ils n'ont pas songé à la gâter avec des ventres faux, des ventres chimériques, des ventres de cruche vide, pour donner à toute la population féminine qui *s'habille, babille et se déshabille*, depuis le fleuve Bleu jusqu'au fleuve Jaune, l'air d'une population tout entière de femmes enceintes ! Les Chinois, tout Chinois qu'ils sont, ont manqué ce coche.

C'était à une mode française de faire cela ! C'était chez nous, le plus élégant, le plus gracieux, le plus spirituel des peuples de la terre (ancien style !) que devait prendre cette inimaginable idée de toute une population de femmes enceintes, jusqu'aux petites filles, car les petites filles sont des petites femmes, et elles auront aussi leurs petits ventres, — leurs ventriculets, — comme elles ont eu déjà leurs crinolines, leurs toquets, leurs bottines à glands, et leurs cannes ! Signe précurseur ! Chez ce peuple d'un goût exquis, lequel depuis assez longtemps se détériorait, on a vu des choses bizarres... On s'en mettait, par exemple, d'assez étonnantes sur la tête, — non pas les hommes, qui parfois y en ont de drôles, — mais les femmes, qui ne devraient y en avoir que de charmantes. On les avait vues s'y camper de petites assiettes, des plats montés, des chignons énormes, qui cachaient la nuque : cette séduction, — la nuque tentatrice ! — et qui ressemblaient à la valise d'un postillon sur la croupe de son cheval de poste ! C'était, et c'est encore, hideux ! On les avait vues en cerceaux comme des singes, avec cette différence que le singe a l'esprit de passer à travers, et elles, la bêtise d'y rester ! Mais nous n'avions pas vu, dans leur attirail de toilette, le petit ventre ! — le petit ventre avec son renflement naïf ou sa plénitude indécente, — car une femme très délicate et très pudique, une fois visiblement enceinte, doit se voiler, s'entortiller et même ne plus sortir, — enfin nous n'avions pas vu le mensonge impudent et en permanence de toutes ces piaffeuses de maternité ! C'est aujourd'hui que nous le voyons. Journellement, la houle des petits ventres augmente. Les salons s'emplissent de caoutchoucs qui se regardent et se touchent nez à nez, quand les femmes se rapprochent pour se faire leurs petites m'*amours* de politesse... On dirait les salles de la Maternité! Toutes ces femmes qui causent ont l'air de chercher des nourrices... Ce ne sont plus des fleurs sur leurs tiges (ancien style!), mais (style nouveau!) les sacoches remplies et bénies de la fécondité. Que tu me plais donc, société française, dans tes virevoustes de girouettes et tes développements, et je peux dire même : tes enflements inattendus!...

Ah! si nous faisions jamais la généalogie de tes contradictions et de tes contrastes!... Voyez seulement : hier encore, pas plus tard qu'hier, on se décolletait... peut-être, franchement, un peu trop. Les Sévères disaient d'un ton bourru, pittoresquement, mais, hélas! avec une certaine vérité : « C'est une horreur! on se dépoitraille jusqu'au ventre! » quand, tout à coup, corsages se ferment (se ferment-ils? est-ce bien sûr?...) et petits ventres redondants s'avancent, ventres modestes, ventres touchants, ventres vertueux, non pas ventres de ces filles-mères que M. Alexandre Dumas fils ramasse dans la crotte, fi donc! mais petits ventres de mères morales, des mères *pour de bon*... C'est un puritanisme général de grossesses... en effigie! L'air *petite maman* succède souplement à l'air courtisane que nous avions un peu, convenons-en! Les cocottes nous avaient gâtées... Hier encore, toujours hier, on dansait, et, au *cotillon*, dans les plus purs salons, on se permettait une nuance de danse risquée, hé ! hé ? des pincements légers d'un genre de danse ondoyé de champagne que je ne veux pas caractériser ; mais à présent, c'est bien fini, ou du moins ça doit l'être ! Comment pourrait-on faire danser, vis-à-vis les uns des autres, en des postures dangereuses et contradictoires, tous ces caoutchoucs qui représentent les délicatesses de la maternité souffrante sur la terre ?... Et en descendant dans des milieux moins corrects, car les filles-mères de M. Dumas fils suivent les modes, et vont s'en donner, du petit ventre, autant que les plus chastes duchesses, vous figurez-vous, si elles osaient se livrer à leurs horribles habitudes et tourdions, ce que deviendrait le soi-disant fruit de leurs entrailles, en ces brimbalements et trimbalements insensés ? Quoique la fausse couche ne fût pas possible, ce serait pourtant, avouez-le, un affreux spectacle ! Il y a, dit-on, sur le portail de la cathédrale de Rouen, une Hérodiade qui, pour avoir la tête de saint Jean, danse sur la sienne devant Hérode. Eh bien, sans être Hérode, je me rappelle avoir un jour vu — mais ce n'était pas dans une cathédrale — une danse presque aussi échevelée, où les deux pieds de la danseuse n'étaient pas en même temps tous les deux en l'air, comme ceux de la miss Hérodiade de Rouen ; mais il y en avait un, ma foi ! qui faisait angle droit avec le nez du cavalier qui dansait en face. C'était un diable de pied, cambré, fin, étroit, insolent, chaussé d'une bottine rose (là n'est pas la question)! Seulement, quand je pense, ce qui m'arrive parfois, à cette insolente bottine rose, laquelle mettait toujours le cap sur le nez de son cavalier, je me demande rétrospectivement l'effet qu'aurait produit, avec ce système de grand écart, le pauvre petit en caoutchouc, inventé aujourd'hui, et balancé et envoyé à tous les diables par cet effroyable mouvement de compas ouvert! Et je me le demande, voyez-vous, non pas au point de vue moral, mais au point de vue esthétique. Je sais bien, pardieu! qu'il n'y aurait pas eu là d'infanticide, — mais l'effet physique? l'effet de cette mode sentimentalo-grotesque du petit ventre?

En mon âme et conscience, quand je songe à cela, il est jugé!

III

Et si ce n'était que grotesque, ridiculement grotesque, en tout état de cause, — si ce n'était que franchement laid et franchement ridicule, cette mode de petits ventres, je n'en parlerais pas ou je n'en parlerais que pour mémoire... Qu'est-ce que cela fait, un peu plus de laid dans ce monde du laid ?... Les modistes, expression de nos mœurs pour le moins autant que la littérature, ne sont pas des artistes, mais des *cousettes*. Elles n'habillent pas les femmes, qui les honorent de leur sotte confiance, comme le vieux Titien habillait, lui, les femmes de ses portraits. Nous avons fait depuis quelque temps trop d'études sur le laid pour être difficiles sur le beau, et pour nous étonner du bizarre. Mais, au fond, ce n'est pas même ce qu'a de laid toute grossesse, pour qui n'en a pas la vanité d'auteur, qui nous fait repousser cette mode, encore plus odieuse que comique, des petits ventres maternels. C'est ce qu'une pareille mode veut avoir de vertueux, dans un monde corrompu jusqu'aux moelles ! Le *garde-Infant* d'Espagne, qui ressemblait beaucoup à la crinoline récemment trépassée, était une mode triste, sévère, inventée par les terribles duègnes espagnoles; du moins ce n'était pas une mode hypocrite, et elle pouvait avoir, pour l'enfant, son utilité. Mais remplacer le *garde-Infant* par un faux Infant, un paquet menteur, un attifement, une singerie de maternité, ce n'est véritablement pas la peine ! Des ventres tartufes à présent ? Il suffisait des cœurs tartufes, qui ne nous ont jamais manqué !

Ce mauvais plaisant de calotin, l'abbé Morellet, disait avec le cynique égoïsme du célibataire : « Je n'aime les enfants que quand ils crient. » Et on s'étonnait ! et on demandait pourquoi ?

« Parce que, quand ils crient, on les emporte ! » — répondait-il froidement.

Les petits en caoutchouc, ces enfants postiches, ne crient pas, eux ! Mais vous feriez tout aussi bien de les emporter !

LA LITTÉRATURE DU TABAC

Jeudi, 7 *mars* 1867.

I

Voilà un titre qui va en étonner plus d'un... Mais, réfléchissez deux minutes ! et vous trouverez que j'ai nommé, en l'employant, la littérature de ce quart d'heure du dix-neuvième siècle ! La littérature du tabac ! Est-ce que vous croyez donc que si l'on écrivait l'histoire de la Chine, il n'y aurait pas un chapitre intitulé : « la littérature de l'opium ? » Eh bien ! c'est ce chapitre qu'il est bon d'écrire. Nous nous Chinoisons tous les jours ! Le tabac, cette drogue dont le furieux emploi tend à devenir une furie universelle, est notre opium occidental. Nous le fumons en attendant l'autre, — l'opium oriental, le véritable opium dont il est le précurseur, et par lequel (il n'y a pas à en douter) les nations de ce côté-ci du globe finiront cette longue agonie, qu'ils nomment « progrès » dans leurs rêves. Le tabac appelle l'opium comme l'abîme appelle l'abîme, comme un petit trou appelle un grand trou. Nous n'en sommes encore qu'aux premières secousses de la torpille, de ce monstre de l'Engourdissement qui, demain, nous prendra dans ses inextricables bras, puissants à force d'être mous ! En narcotisant nos cerveaux si vifs de l'Occident, en les imprégnant, en les pénétrant de ces subtiles et énervantes vapeurs, auxquelles on s'accoutume avec la lâcheté qui fait de la passion un vice, le tabac précède de bien peu l'invasion de l'opium, un jour nécessaire. C'est son maréchal-des-logis chef... et il est peut-être curieux de voir comment ce singulier maréchal prépare à l'opium ses logements, qui sont nos cerveaux, et qui vont devenir ses casernes. Il est surtout curieux de voir ce qui doit résulter de cela pour nos esprits et pour leurs œuvres.

Un jour, M. Henri Rochefort, cet observateur aiguisé, a écrit l'histoire des *Français de la décadence*. Il pourrait, en retournant seulement son titre, nous faire un autre livre qui ne serait pas la répétition du premier. L'histoire des causes de nos décadences l'emporte sur l'histoire de nos décadences, si énergiquement peintes qu'elles puissent être, et, cela, de toute la supériorité de l'influence qui produit les faits sur les faits eux-mêmes — qu'elle a produits. Or, l'une des causes de notre décadence littéraire, — puisqu'il ne s'agit aujourd'hui que de celle-là, — l'une des causes les plus certaines et les moins aperçues, parce qu'elle est la plus facile à voir (on ne voit jamais ce qui crève les yeux), c'est l'influence effrayante du tabac sur l'intelligence et la sensibilité des hommes de notre Age, — de cet Age qui peut maintenant s'appliquer, en les modifiant, les fameux vers grecs :

« J'ai craché sur la terre, et la terre ne l'a point enduré. Comme tu m'empoisonnes, a-t-elle dit, par l'excès de ton mal ! »

Car la terre l'endure très bien, ce crachat, et bien d'autres ! Et elle trouve, au contraire, excellent, la vilaine, d'être empoisonnée !

II

Assurément, il ne faut pas être un bien grand clerc pour constater et préciser l'effet du tabac sur l'organisme humain. Tout homme qui a fumé pendant une couple d'heures en sait aussi long, sur ce point, que tous les Instituts qui ne fument peut-être pas, mais qui n'en mettent pas moins dans leurs rapports scientifiques de la fumée... de la fumée de lampe qui pue. L'effet du tabac sur le cerveau d'abord, et ensuite sur l'économie générale de tout notre être, toujours plus ou moins victime du cerveau, est un engourdissement voluptueux qui nous arrive par douches invisibles et qui nous vient lentement, à travers les titillations piquantes de la bouche, réveillée à mesure que le cerveau s'endort. Raconter cela seulement, peut donner aux bouches vierges l'idée de cette sensation si particulière... Malheureusement, toute volupté se paye avec de la vie. Tout plaisir n'est qu'une déperdition. Fumer, — cette sensation si vive et si âcre, qu'un jour M. Paul de Saint-Victor me disait ces mots terribles, qu'il ne croyait pas terribles, lui, cet Héliogabale du cigare : « Il n'y aura jamais pour moi de malheur complet tant qu'il y aura du tabac sur la terre, et s'il n'y en avait plus, il n'y aurait plus de bonheur du tout ; » — fumer, que les Alain Chartier de ce temps-ci préféreraient, fussent-ils réveillés, à être embrassés par des reines ; fumer, cet esclavage qui devient de la tyrannie, ce picotement imbécillisant des muqueuses dans lequel les hommes modernes absorbent le meilleur de leur vie, depuis l'amant qui fume chez sa maîtresse, insolent et égoïste, jusqu'à l'assassin qui ne veut que ce Viatique abject, quand il va à la guillotine, fier comme Artaban, et la pipe ou le cigare à la gueule... à sa gueule sanglante ; fumer, n'est pas cependant une sensation purement matérielle, comme on pourrait le croire, une manière grossière d'oublier tout dans l'épaisseur d'une jouissance ; c'est aussi... je risquerai l'alliance de ces deux mots qui peuvent sembler contradictoires,... une sensation intellectuelle. Double plaisir, par conséquent. Par conséquent, double déperdition. Le talent n'est qu'un stoïcisme. L'impalpable vapeur du tabac, cette impondérable, traverse les milieux de la chair et va pénétrer au plus intime de nos esprits, pour en dissoudre languissamment les énergies. L'esprit fait pour vivre dans la clarté, dans la précision, dans la lutte, dans la procréation vigoureuse, se contente, sous l'action de cette vapeur stupéfiante, de brumes semblables à elle, de contours flottants et noyés, de contemplations stériles et de rêveries... Ah ! la rêverie, j'ai dit tout, en disant ce mot, puissance ou impuissance, qualité ou défaut de l'esprit au dix-neuvième siècle ! La rêverie, cet efféminement de l'esprit, a pris la place de la mâle pensée... et les poètes, les échos de toutes les âmes de leur temps, sont si fiers de leur énervement qu'ils s'appellent eux-mêmes « des rêveurs ». Voyez avec quel orgueil Victor Hugo, Lamartine et de Musset ont semé ce nom dans leurs œuvres ! Fumée elle-même, la Rêverie, fille de la fumée, a créé le seul génie qui appartienne en propre au dix-neuvième siècle : le génie fantastique, sa meilleure gloire. Elle a créé et bercé Hoffmann dans de la fumée de pipe allemande, et je ne nommerai pas Edgar Poë, quoique son nom soit au bout de ma plume... Edgar Poë a devancé le temps. Il appartient, lui, à la littérature de l'opium, à la littérature de l'avenir. C'est un champignon chinois, poussé en Amérique, sur le fumier de sa propre corruption, qui valait bien celle de la Chine... Seulement Hoffmann, et même Edgar Poë, et tous les plus puissants fantastiques, ne sauraient compenser ce que le monde perdrait si l'énervation de la rêverie, chloroforme immense, se glissait dans l'esprit humain pour y rester et en consommer la destruction.

Or, y restera-t-il? Voilà la question. — Mais, pour avoir commencé de s'y glisser, la chose est évidente. La littérature du dix-neuvième siècle — je parle de la plus récente, de la plus jeune littérarature du dix-neuvième siècle — a subi d'une manière perceptiblement déplorable l'influence de cette intoxication matérielle de la pensée, qui doit un jour ou l'autre empoisonner jusqu'à nos mœurs!

Et quand je parle de la littérature, je ne parle pas des premiers venus, de ces imberbes à qui la barbe ne poussera jamais, des petits *crevés* littéraires, comme on dit maintenant, car la littérature a le bonheur d'avoir ses petits *crevés*, comme le

monde. Non, je parle de ceux qui sont nés sous
cette heureuse étoile du talent, cette étoile qu'on a
dans la tête et qui est plus belle que les étoiles du
ciel. Je parle de ceux-là qui ont une renommée tout
entière ou un commencement de renommée. Enfin,
puisque des noms propres et des exemples portent
plus loin que des raisons, je parle de Mme Sand,
de M. Théophile Gautier, de M. Flaubert, de
MM. de Goncourt, de M. Paul Saint-Victor, et de
tant d'autres qui sont devenus en quelques années
ce que j'ose appeler « des énervés du cigare », ou
qui, comme le dernier (M. de Saint-Victor), plus
jeune au moins d'œuvres, et que je voudrais arracher
au danger de stupéfier des facultés superbes, doivent,
un jour, immanquablement le devenir !

III

Oui, stupéfier des facultés, quelque fortes, brillantes, flexibles et vivantes qu'elles puissent être,
voilà le péril ! Le mal ne se fait pas tout de suite,
mais il n'en est pas moins certain. Pour en revenir
seulement à ceux que j'ai cités, si Mme George
Sand — à laquelle, pour mon compte, je n'ai
jamais reconnu plus de talent qu'il n'en peut tenir

dans un charmant (quand il l'est) petit front de femme, — si Mme George Sand a depuis des années produit romans sur romans, tous plus faibles que les premiers, qui firent sa gloire, — ce cigare aussi, que voilà fumé! — si M. Gustave Flaubert, le vigoureux auteur de *Madame Bovary,* le rude chirurgien qui a transporté dans le roman le scalpel de son père et s'est opéré lui-même le cœur de la main la plus sûre, est tout à coup tombé dans les pretintailles carthaginoises de *Salammbô* et a perdu le sens de la nature humaine et de son temps ; — si M. Th. Gautier, ce beau vase de poésie, dans lequel l'âme n'a jamais rien versé, est, au bout de trente ans, arrivé à nous faire grimacer cette vieille tapisserie de fantômes et de fantoches qu'on appelle le *Capitaine Fracasse;* — si MM. de Goncourt, ces réalistes déterminés à tout, qui jetteraient au feu leur palette si c'était le moyen d'en faire flamber les couleurs, se sont, dans le roman qu'actuellement ils publient, mis à décalquer modestement les indécences de *l'affaire Clémenceau ;* — enfin, si M. Paul de Saint-Victor, le récent auteur des *Hommes et des Dieux,* qui, après quinze ans de feuilleton, de talent, de couleur à flots, d'esprit à torrents et de diamants de toute espèce jetés par cette fenêtre du feuilleton, au lieu de nous donner un livre composé et profond qui eût pris sa mesure et révélé sa maturité, quelque livre taillé en pleine humanité ou en pleine idée, se contente de jouer une fois de plus cette martingale éblouissante de la description qui lui réussit toujours, mais à laquelle il est fait pour préférer autre chose, demandez-vous à quoi imputer de tels accidents, qui ne sont pas des phénomènes ?... Demandez-vous comment de telles robustesses naturelles ont de ces défaillances ?... Demandez-vous, surtout, comment il se fait que ce soient les facultés les plus mâles de l'esprit qui soient, en de tels écrivains, oblitérées ou même mortes : je veux dire l'originalité de la pensée, la création, la sensibilité passionnée, la grande sensibilité, car ils ont la petite, celle qui tient à la sensualité. Les qualités physiques, pour ainsi parler, du talent, celle qui, comme la faculté représentative, répercute les choses par dehors, sont chez eux les plus solides, les plus résistantes ; mais il ne faudrait pas trop s'y fier cependant. Je doute fort que l'art de peindre, le coloris, cette fraîcheur, le flamboiement de la couleur, si puissant qu'il soit, puisse résister longtemps à l'influence du poison dont nous nous croyons les Mithridates impunis. Une seule loi gouverne tous les faits. Il est bien probable que l'action de la fumée, qui embrume les choses matérielles, doit exercer une action semblable sur les qualités les plus lumineuses de l'esprit. Seulement, ce que je sais, à n'en pouvoir douter, c'est le dégât fait par l'influence que je signale et que je combats, sur l'intellectualité et la moralité sensible du talent, comme si dans l'ordre de l'esprit, autant que dans l'ordre de la conscience, la spiritualité devait être la victime de sa plus redoutable ennemie, la matière; la matière implacable toujours.

Et si cela est pour ceux qui sont le mieux doués littérairement, pour les organisations les plus exceptionnellement heureuses, je demande ce que cela devient et peut être pour la moyenne des esprits, pour le flot coulant de la littérature. Il ne s'agit plus ici de la grande invention, de la grande sensibilité, qui manquent ou s'affaiblissent dans les Maîtres et qu'on regrette en eux; mais il s'agit de la plus incroyable sécheresse, de la plus humiliante stérilité dont puisse être frappée une littérature dans son ensemble. Véritablement, nous en sommes arrivés aux sept vaches maigres d'Égypte! Lisez tout ce qui s'écrit présentement, journaux, romans, pièces de théâtre: ce qui vous sautera aux yeux tout d'abord, c'est le manque absolu de vie quelconque. Tout se ressemble. On se répète, ne pouvant se varier, et le procédé de l'antithèse, qui n'est pas bien compliqué, n'est-ce pas? est l'unique procédé littéraire. Hier, un feuilletoniste annonçait, à propos des *Brebis galeuses* de M. Barrière, qu'on était fatigué du monde immonde des demi-mondes, sur lequel on vit depuis si longtemps, et qu'on allait enfin se retourner vers un idéal sévère, — faire de la comédie stoïque après avoir fait de la comédie débordée, — pour l'unique raison qui fait qu'on raccourcit outrageusement les robes après les avoir démesurément allongées ; et, en annonçant cela, ce feuilletoniste, si aisément prophète, attestait une fois de plus notre pauvreté intellectuelle, le profond desséchement cérébral de ce temps. Rien, en effet, de pareil ou de comparable ne s'était vu dans cette littérature française, autrefois si animée et si féconde. Stupéfiée aujourd'hui, demain sera-t-elle donc stupide ? Mais, en résumé, quoi de plus juste que le mal dont elle souffre ?...

Votre société l'a voulu ! Matérialiste de principes, matérialiste de mœurs, ne se préoccupant que du physique en toutes choses, comme de l'important de la vie, votre société qui ne vit que par les nerfs, les sensations et l'argent, n'a plus que la littérature de la matière, et cette littérature-là est bientôt faite. C'est bientôt brassé. C'est bientôt épuisé. On en voit vite le bout, et nous le voyons aujourd'hui ! Je sais bien que les benêts de la modération, qui se lèvent avec la majesté d'un commissaire de police dans toute question chaudement agitée, pour réclamer contre le paradoxe, et ramener au juste milieu de la vérité, comme on conduit au violon, ne manqueront pas de dire que j'exagère l'action du tabac et du cigare sur la littérature contemporaine. Mais je ne la tiens pas moins pour réelle, cette action. Cause de décadence qui n'est pas la seule, je le veux bien, mais cause de décadence! Balzac, qu'on trouve que je cite trop, comme si c'était ma faute, à moi, de rencontrer sur toutes les routes intellectuelles ce génie de l'ubiquité, Balzac, inquiet comme moi des habitudes physiques du monde moderne, fit un traité des Excitants; mais les Stupéfiants, les Engourdissants, les Amollissants ne sont pas moins à craindre, et par le fait ils le sont davantage, car les Excitants ne tuent l'esprit ou ne l'épuisent qu'après l'avoir fécondé. Balzac, sans les cinquante mille tasses de café dont il mourut, n'aurait peut-être pas écrit la *Comédie humaine,* tandis que les Stupéfiants ou les Engourdissants tuent la faculté de produire, même souvent avant qu'elle ait produit. Telle l'explication de cette littérature que j'ai appelée « la littérature de tabac », et que nous avons, en attendant la littérature de l'opium que nous aurons aussi... Pauvre littérature, qui aura le sort de la fumée dont elle est sortie! L'Eglise dit, précisément aujourd'hui, à ses enfants : « Souviens-toi que tu n'es que poussière et que tu retourneras en poussière. »

Nous, nous pouvons dire à cette littérature : « Souviens-toi que tu n'es que fumée et que tu retourneras en fumée... »

LES CONFÉRENCES

10 *janvier* 1866.

« Les Conférences continuent à la salle de... »
(*Tous les journaux.*)

Mon Dieu, oui... C'est ainsi qu'elles parlent, toutes ces commères du jour... A ce mot répété partout, écrit partout, de « Conférences », on pourra croire, dans un siècle ou deux, — si ces pauvres journaux d'aujourd'hui, fabriqués en mauvais français, sur de mauvais papier, ne sont pas tombés en charpie et s'il en reste quelque lambeau, — que toute la France, — de ce moment-ci du xix⁰ siècle, — n'était plus composée, — odieuse chose! — que d'avocats et de professeurs! Il n'y a qu'eux, en effet, qui fassent ordinairement des Conférences. La Conférence est pour les avocats comme une banale pierre à aiguiser sur laquelle ils peuvent venir tous affiler le couteau de leurs langues ; et les professeurs en font aussi ! La Conférence est encore pour les professeurs un exercice à s'affiler le bec, moins meurtrier que pour les avocats, il est vrai, mais un exercice de rémouleurs aussi, — de rémouleurs d'idées ou de formes littéraires ! En sus de cela, qui est connu, — que tout le monde sait, — pourra-t-on se douter, dans l'avenir, sur ce mot retrouvé de « Conférences », qu'on aura vu, en cette présente année de ce glorieux XIXe siècle, des Conférences d'hommes de lettres, — des Conférences de femmes de lettres, — des Conférences de gens sans lettres, — des Conférences comme s'il en pleuvait, — à bras raccourci et à langue tirée, faites par le premier venu qui veut se servir de la sienne et la faire aller ! et la faire claquer ! et que la France et que Paris, ce pays léger autrefois, anti-pédant, anti-ennuyeux, s'en fût allé tout entier et eût perdu son esprit comme on perd tout son sang, en cet universel dégoisement et bavarderies de Conférences !!!...

Évidemment nos fils diront avec étonnement, s'ils valent mieux que nous : C'était donc comme cela en 1866, à Paris ! Quoi ! ces anciens causeurs français qui, seuls dans le monde, savaient jouer ce beau jeu de raquettes et de volant qui s'appelait « la conversation » en Europe, et qui y portaient, comme au combat, la *furie française,* quoi ! ces impatients de l'esprit, pour qui le mot qu'on lance n'allait pas assez vite et qui, sans la politesse (autre chose française qui avait aussi existé!), se le seraient arraché des lèvres, tant chacun avait hâte de dire le sien! se sont donc jetés et déjetés à parler tous, non plus, comme autrefois, par éclairs, en monosyllabes charmants, mordants, brillants, dans la minute qu'ils mettaient à feu, — en ces salons où tout ce qui avait de l'esprit était de plain-pied, — mais pesamment, mais longuement, dans des salles publiques, grimpés sur des estrades, comme sur leurs perchoirs des perroquets, et une heure ou deux à chaque fois, sans s'interrompre, hélas! et sans être interrompus par cette nation singulière qui ne part pas en mille épigrammes et moqueries contre ces spectacles grotesques, — qui ne fait pas finir, sous les coups de batte de son ancienne gaieté, ces renégats du génie de leur race, mais qui, même, devient leur complice en les écoutant! Certes! si les ridicules de chaque temps avaient leur histoire, — et pourquoi ne l'auraient-ils pas?... — un des premiers en ligne du nôtre serait cette manie de Conférences qui a saisi tout à coup, par la langue, la littérature. Seulement, je ne veux pas que l'on s'y trompe, ce n'est pas d'un ridicule de plus ou de moins que je me révolte, mais bien de ce qu'un pareil ridicule n'est pas un ridicule français!

Et, en effet, il ne l'est pas. Il est d'importation

anglaise. La Conférence est née en Angleterre. On l'y appelle plus communément « la Lecture », parce que l'homme qui la fait y lit plus qu'il n'y parle, contrairement à ce qui doit avoir lieu en France, où l'ambition de bien parler est devenue la prétention des têtes les plus frivoles. En Angleterre, pays positif, les Conférences ou les Lectures ont été inventées par l'intérêt matériel; tandis qu'en France, pays de pose et de beaux bras, quel que soit le développement d'importance qu'y prend l'écu, — cette lune qui va toujours s'élargissant dans le pauvre ciel de la préoccupation universelle, — les Conférences n'ont guère été acceptées que par la vanité. Du moins, à cela, nous nous reconnaissons! En Angleterre, les Conférences ont été comme un petit impôt à la Pitt mis sur les *cockneys*, les meilleurs fermiers de l'Angleterre! Dickens, m'a-t-on assuré, doit la meilleure partie de son immense fortune à la lecture en public de ses romans. Cela m'est absolument indifférent. Selon moi, Dickens est, au fond, un esprit très vulgaire, malgré les ressources de son talent. Mais, j'ai souffert, je l'avoue, de voir Thomas Carlyle, avec son auguste visage de penseur, Carlyle, le somnambule *résurrectionniste* de l'Histoire, venir se planter, comme une curiosité, devant le public, et lui lire, à ce Bridoison de public, cette grande chose écrite par la pensée solitaire pour être lue par la pensée solitaire, et qu'il intitule : « *Les Héros* ». Pour un vieux puritain, je trouve la situation inférieure et j'aime mieux celle de Pym ou de Foë... au pilori !

Mais, justement, c'est parce qu'il est un puritain que Thomas Carlyle a bravé, ou n'a pas même compris le ridicule de cette exhibition en public de sa noble et imposante personne. L'ancien prêcheur, qui nasille toujours, plus ou moins, au fond de tout puritain, a cru retrouver dans la *Lecture* un reste de voix et de prêcherie... Mais, supposez tous les esprits cavaliers de l'Angleterre, ceux-là qui, malgré le *cant* et le roide tempérament du pays, ont eu, de naissance, la grâce, la souplesse, le mordant, la distinction suprême, l'instinct et l'intuition du ridicule, ce don ! Supposez Byron vivant, Sheridan vivant, — Sheridan, qui fut pourtant un orateur ; — supposez tous les dandys vivants, depuis Brummell jusqu'à d'Orsay, et vous entendrez, par la pensée, les plaisanteries qu'ils feraient, ces railleurs charmants et superbes, sur cette institution moderne des *Conférences*, lesquelles ne sont que les sermons littéraires d'un pays de *speeches,* même après dîner, quand il cuve son porto et son gingembre, et qui a inventé le monologue pour se dispenser de dialoguer ! C'est à travers la prêchaillerie puritaine et les discours parlementaires que la Conférence a poussé en Angleterre, et ce devait être, si on y réfléchit, sa véritable terre natale.

Mais chez nous... chez nous, la Conférence devait-elle jamais se naturaliser?.... Pour qu'elle s'y montrât seulement le temps que l'y voilà, il fallait que nos anciennes mœurs, de monde et de littérature, fussent déformées par trente ans de pédantisme doctrinaire, et que des bonnets carrés de la force de Royer-Collard ou de M. Guizot eussent passé par là!... Il fallait que surgissent les *hommes sérieux*, espèce nouvelle, et ces *jeunes gens graves*, dont Stendhal s'est si cruellement moqué! Il fallait que dans le pays de la repartie et du trait on fît de la bouillie avec le plomb de ses balles; qu'on demandât au moins un quart d'heure, montre à la main, pour avoir un peu d'esprit, et qu'enfin on ne causât plus, mais qu'on pérorât!!!

Que de fois, en ces trente dernières années dont quelqu'un dit un jour le mot de tout le monde : « *La France s'ennuie* », ne vit-on pas tel jeune homme, rengorgé sur cravate blanche, discourir dans un salon, à trois pas des femmes qui en riaient sous leurs éventails, comme s'il eût été en chaire publique ou à la Chambre! On aurait juré qu'il s'y croyait. Eh bien! l'illusion est devenue une réalité. Paris s'est tout à coup hérissé de petites chaires dans lesquelles toutes sortes d'orateurs apparaissent, comme les petits bonshommes de boîtes à surprise, et qui viennent là, tous, faire leur petit *prechi precha, patati patata!* Et la chose est devenue si forte qu'il n'y a pas que des hommes, — le vilain sexe, le sexe barbu, — qui se culbutent autour de ces petites chaires et qui veulent y grimper ; nous y avons vu des femmes, en rougissant pour elles, comme Beaumarchais pour Mme Goësman ! et nous en verrons certainement encore... Avec quelle badauderie servile, des journaux, n'ont-ils pas annoncé que Mme Sand nous préparait une de ces petites lippées oratoires, qui font notre bonheur au moment actuel ; Mme Sand, que Saint-Victor comparait un jour à une vache rêveuse, en conversation, mais à une vache de l'Inde, une vache sacrée !! C'est ainsi qu'il n'y a pas de sexe quand il s'agit de Conférences, et qu'on peut appliquer à la France de 1866 la plaisanterie connue : Ni hommes, ni femmes, tous Auvergnats ! Ni hommes, ni femmes, tous orateurs[1] !

Ridicule dans tous les cas, du reste, et chez toutes les nations, cette fureur d'exhibition et de jargonage ! Mais ridicule, dix fois plus ridicule, chez nous ! Les Grecs, à l'heure de la décadence, la connurent. Il y eut un moment pour Athènes où il n'y avait pas de bornes sur laquelle ne fût fiché un orateur. Les sophistes et les rhéteurs

---

1. Au moment où nous finissons d'écrire cette page, Mme Sand vient de donner sa démission des Conférences, avec beaucoup de bonne grâce et de naturel. Eh bien... Bravo !... Pédante... mais jusque-là !

étaient alors ses donneurs de Conférences... Et Rome, qui méprisait la Grèce avec juste raison, qui appelait les Grecs *Græculi,* — les *petits* Grecs, — Rome eut aussi ses conférenciers et ses orateurs saltimbanques. Rome remplaça l'atrocité par le ridicule, quand elle remplaça le gladiateur qui, du moins, mettait sa vie au jeu, par le rhéteur qui n'y mettait que sa dignité, et qui l'y laissait... Les Anglais qui, par tant d'endroits, ressemblent aux Romains; les Anglais, discuteurs d'affaires, qui se taisent quand ils n'ont rien à dire d'utile ; les Allemands, cette race de pédagogues, qui ne parleraient pas s'ils n'avaient quelque chose à enseigner, peuvent pratiquer le discours en quatre points jusqu'à l'abus : ils sont dans leur droit intellectuel, ils se précipitent dans le sens de leurs facultés ; ils sont dans ce que j'appelle le ridicule de la race. Mais nous ! Grand Dieu ! Nous ! N'avons-nous pas assez de ridicules, à nous appartenant, pour en prendre encore aux nations étrangères et aux nations qui ne nous ressemblent pas ! pour nous *plaquer* justement ceux-là qui font le plus grimacer notre génie ! Assurément, nous étions davantage dans la vérité de notre nature et de notre nation quand nos colonels, qui se battaient si joliment à Fontenoy, parfilaient l'or de leurs épaulettes ou brodaient au tambour (toujours le tambour) dans les salons du XVIIIe siècle. C'était ridicule, il est vrai. C'était *un* ridicule du temps, mais c'était là un ridicule français, un ridicule de ce peuple de Sardanapales qui peut se mettre en femme et rester homme, qui tient un miroir, mais qui peut hardiment monter au bûcher ! Et quand, au sortir de la Révolution, nous nous fîmes tous *Incroyables*, et que nous nous mîmes à zézayer le français comme une tradition veut qu'Alcibiade zézayât le grec, il y avait encore, jusque dans le fond de cette affectation ridicule et stupide, le génie androgyne de la race. Nous faisions grimacer abominablement la grâce française, mais, certes, nous n'y renoncions pas. Tandis qu'en devenant les pédants de discours et les expectorateurs de tribune que nous sommes devenus, au lieu de rester les troupes légères de la conversation et les premiers tirailleurs du monde, nous nous renonçons nous-mêmes, et nous abdiquons la royauté de la patrie, — d'une patrie reine deux fois, et par le tir de son esprit et par le tir de son canon !

Et de fait, d'ailleurs, pour ce que nous avons vu et entendu déjà en ces Conférences, qui, si elles continuent comme elles ont commencé, ne renouvelleront pas l'art oratoire, était-ce bien vraiment la peine de perdre ses meilleures qualités de Français ?... Jusqu'ici, l'orateur qu'on rêve ou qu'on s'y rêve y a manqué. On a beau semer du feuilletoniste, dans ce pot à orateur qu'on appelle une chaire ou une tribune, l'orateur n'y pousse pas pour cela. Nous avons vu le pot, et même toute une rangée de pots, mais il paraît que nous n'avions pas la graine! Et, quant au causeur... il y avait, à tort ou à raison, des gens qui avaient une réputation de causerie, mais en abordant cette estrade traîtresse, ils se sont morfondus et fondus! M. Alexandre Dumas, présentement le commis-voyageur de la Conférence en Europe,—lequel, par parenthèse, donne une assez triste idée de l'honnêteté du commerce français, en essayant le placement de l'esprit qu'il n'a plus, — M. Alexandre Dumas, qui passait pour amusant dans la conversation jusqu'à sa dixième histoire (mais pas plus!) est occupé à prouver à l'Europe qu'on ne cause pas tout seul, devant le public, comme on chante, et qu'on ne joue pas de la causerie comme d'une clarinette... Ni causerie donc, ni éloquence réelle, en ces Conférences d'aujourd'hui,— parce que l'éloquence réelle ne jaillit qu'au choc des idées ou des intérêts, parce que le *leçonnier* n'est pas l'orateur, et qu'il n'y a ici d'autre intérêt que le très mince de la vanité de monsieur tel, qui veut faire le petit déballage d'une leçon,— mais un genre neutre qui n'est ni chair ni poisson, ni jour ni nuit, qui n'a que la solennité de la leçon et de la causerie, au plus que la familiarité! Les sujets qu'on y a traités sont, à bien peu d'exceptions près, aussi vains que les discours des sophistes grecs. Pour mieux dire, ce sont des articles de journal qu'on y parle. On y professe ce qu'on peut lire partout, et c'est le mot de Gilbert qui revient en écoutant tout cela :

S'il faut vous écouter, j'aime encor mieux vous lire !

Un monsieur prend Balzac, par exemple, et a la bonté de nous dire ce qu'il faut penser de ses romans, — qu'heureusement j'ai là, sous la main. Un autre y parlera de Polichinelle. On y jongle avec tous les noms. Nous avons vu M. Féval y raconter une anecdote de la jeunesse de Nodier, qui, moins travaillée, moins enflée, moins omelette soufflée, aurait paru bien plus piquante s'il l'avait racontée vivement et sobrement, après souper, dans son salon, — au pas de course de l'anecdote, — mais qui, alors, n'aurait pas défrayé l'heure et demie de rigueur employée à ces amusettes!

Mais je ne veux pas aller plus loin... L'autre jour, une plume de photographe, cruel comme tous les photographes, a, dans un article spirituel et sensé, montré le déchet, le lamentable déchet de la Littérature contemporaine, en ces Conférences, dans lesquelles elle avait la coquetterie un peu *fate* de se montrer en public comme la femme de ce représentant de la première République, laquelle disait : « Ouvrez les portières de ma voiture pour me faire mieux voir à mon peuple ! » Le malin photographe a montré que, ni spirituellement, ni physiquement, la Littérature n'avait eu raison de se révéler en personne au peuple de ses admirateurs. Il a dit le rire insolent du bourgeois déconfit, qui a raison d'être insolent dans sa déconfiture, car il croyait assister à une sarabande de soleils, et il dit maintenant : C'est donc comme cela qu'ils sont et qu'ils parlent, les hommes de lettres ! — Moi, je serai plus compatissant et plus discret. Je voilerai les malheurs de la Littérature. C'est bien moins, du reste, l'exécution des Conférences dont je me soucie que de leur principe et de leur introduction dans un pays de *gaie science*, autrefois, et qui sont mortellement contraires à son genre d'esprit et à ses mœurs. Le tintamarre de palabres qui s'élève de toutes parts, sous prétexte... (est-ce de nous enseigner ou de nous amuser? on ne sait pas encore lequel des deux) doit certainement développer ce pédantisme d'endoctrinement qui s'est étalé parmi nous depuis plus de trente ans, et qui s'y prélasse. Le mal, n'en doutez pas, va s'aggraver. Endoctriner et discourir, discourir et endoctriner, voilà quelle sera désormais l'importante affaire de la vie ! Le monologue, l'assommant monologue, tuera le dialogue dans une nation qui savait si bien dialoguer. Rabelais disait de tout, en son temps : « Matière de bréviaire ! » La France, ce salon de bonne compagnie, est en train de se faire l'École Normale de tous les amours-propres, en démangeaison de professer. Mais la langue, cette chose preste comme notre esprit, — qui cessera d'être élégant pour devenir lourd, — portera nécessairement la peine de cet essai de pédantisme général.

« Si vous voulez, Acis, me dire qu'il fait froid, — disait La Bruyère aux affectés de son temps, — que ne me dites-vous tout simplement : il fait froid ?... Est-ce un si grand mal que d'être entendu et de parler comme tout le monde ? » Eh bien ! aujourd'hui, que dirait La Bruyère ?... Tout à l'heure, aujourd'hui, on ne pourra plus même dire simplement qu'il fait froid, — sans disserter et professer sur le froid, et sans faire sa petite gesticulation d'orateur !...

Ah ! où es-tu, Rabelais ?

LES PARENTS PIEUX

18 *avril* 1867.

I

Le *Figaro* publiait hier soir une lettre trop comique, pour que qui se pique de regarder les choses morales autant que les choses littéraires, et qui aime à rire de tout ce qui est gai, n'en dise pas un mot aujourd'hui.

Cette lettre, qui est signée du nom de Dupin, est un cri de piété blessée... Balzac a fait les *Parents pauvres*; il reste encore à faire les *Parents pieux*, les dévoués aux mémoires... C'est un parent pieux que voici... Il paraît que M. Henri Rochefort, ce bandit de la plaisanterie, qui n'a pas, lui, de piété pour grand'chose,— un Swift français! — a traité, dans une de ses chroniques, sans aucune cérémonie, le vieux Dupin, l'académicien, le Dupin *calceamentum*, le paysan aux gros souliers et qui en avait les clous dans l'humeur et dans le langage. Je n'ai pas lu cet article de M. Rochefort, mais, certes! je me fie bien à lui pour verser n'importe sur qui, quand il lui plaît, une corne d'abondance de plaisanteries féroces, et le parent pieux d'aujourd'hui va probablement l'apprendre. Il me fait bien l'effet, le brave homme que c'est! de détourner cette maîtresse corne de la tête de son vénérable parent pour la retourner sur la sienne... Ce parent pieux ne dit point son degré de parenté avec le célèbre Dupin, mais il parle au nom de la famille contristée.

Il mène le deuil de la famille Dupin contre les plaisanteries de M. Henri Rochefort. C'est un beau cortége! Il affirme contre M. Rochefort, dans un style Dupin (parent jusqu'au style!), que ce grand écrivain morvanais avait bien le *droit* d'être de l'Académie française, et ce n'est pas tout. Malgré la solennité de la chose et le touchant de son attitude, le parent pieux, qui n'est pas Dupin pour des prunes, n'en offre point à M. Henri Rochefort. Il a la matoiserie renardine de lui parler vaudeville et de lui préférer, comme plaisanterie, le vieux Dupin, lequel, comme on le sait, avait le génie du calembour et de la calembredaine, et qui aurait été, selon le parent, un bien meilleur chroniqueur que M. Rochefort au *Figaro*. Encore une fois, je crois que ceci pourra bien rapporter au parent pieux quelque démonstration sur le vif de la force de plaisanterie qu'il conteste... Il pourra bien avoir à comparer, sur son propre dos à lui-même, lequel l'emporte de Rochefort vivant ou de Dupin trépassé, — mais ce n'est pas là mon affaire.

Ce qui est mon affaire, c'est autre chose. C'est la découverte du parent pieux en matière de libre critique, soit de littérature soit d'histoire. C'est cette bouffonnerie sérieuse d'un Monsieur quelconque, chaussé du même nom, qui, quand il s'agit de l'appréciation des actes et des écrits d'un homme public, se lève tout à coup, salue comme le commissaire des morts aux enterrements, et, la main sur son cœur, dit : « Permettez... je suis un parent et je représente la famille ! » Oui, je dis que cette bouffonnerie, drapée de noir et en *pleureuse*, c'est mon affaire, et celle de tout ce qui tient une plume et veut s'en servir.

En effet, vous avez des opinions diamétralement opposées à celle que j'ai touchant le Dupin, ou tout autre qui a jeté hardiment son nom pendant quarante ans sur le tremplin de la publicité ; je le trouve un sot ou un piètre écrivain, à mes risques et périls, bien entendu, et vous, vous le trouvez au contraire un génie ou un foudre d'éloquence à tout casser, et vous cherchez à faire triompher vos opinions contre les miennes. Il n'y a rien à dire à cela. C'est très bien. On ne voit en histoire que des opinions contraires qui se mesurent, et sur les débris desquelles finissent par s'établir des opinions triomphantes. C'est ce qu'on appelle la discussion des libres esprits. Mais ce n'est plus là le cas présent. Ce n'est plus là cette prodigieuse intervention de la famille s'opposant, comme aujourd'hui, à la Critique, au nom des sentiments de tous ses membres affligés qui viennent en corps, ou par représentant, contrarier ses jugements ou en contester la convenance !

Ce n'est plus là cette nouveauté qui surgit, en ce moment, du parent pieux, de ce tendre champignon de parent pieux qui pousse sur une tombe et qui dit, sur le point de devenir vénéneux, ce champignon innocent : « J'ai le respect de ce mort, parce que j'en porte le nom ; et si vous touchez à sa mémoire, je dirai que vous n'avez pas le respect des morts ! » Or, *n'avoir pas le respect des morts*, c'est une phrase imbécile, mais toute-puissante chez un peuple aussi sentimental que nous. C'est le coup de Jarnac du sentiment. Vous pouvez démontrer vingt-cinq fois qu'on ne doit le respect qu'à ce qui est respectable, mort ou vivant, que : *n'avoir pas le respect des morts*, n'en restera pas moins un cliché vainqueur qui tuera toujours son homme aux yeux des sots, entêtés comme des mules, et qui, semblables à ces petits bonshommes de plomb qu'on met sur la tête, et qui retombent sur leur derrière, sont les culs-de-plomb récalcitrants d'une éternelle absurdité !

II

Ah ! rien ne serait plus ridicule au fond que ce respect, mais rien ne paraîtrait, en très peu de temps, plus touchant et plus honorable. Le respect des morts, cette chinoiserie de gens qui, pour la plupart, ne croient pas à l'immortalité de l'âme, finirait par l'emporter même sur l'ancienne maxime, qui n'était pourtant pas si héroïque : « On doit des procédés aux vivants, mais on ne doit aux morts que la vérité ! » La vérité, on ne la dirait plus si elle n'était pas respectueuse ; et elle l'est rarement, cette coquine de vérité ! On devrait s'abstenir de l'écrire par respect pour messieurs les morts, auraient-ils été, de leur vivant, des goujats d'esprit ou de caractère ! Et où s'arrêterait-on dans cette voie ? car les parents pieux, cette aristocratie des parents pieux, qui demande à naître, peuvent apparaître à la première, à la seconde, à la troisième génération ! Il peut très bien se trouver quelque neveu très pieux de l'archidiacre et de l'archi-ennuyeux Trublet, par exemple, qui évoque le respect des morts pour garantir la charmante mémoire de son oncle, comme il se rencontre aujourd'hui, contre M. Rochefort, un pieux agnat ou cognat (on ne sait lequel) du vieux Dupin ! Vous figurez-vous, si elles avaient lieu et si elles étaient autorisées, l'effet de ces réclamations de famille, voulant mettre des grilles autour des mémoires, comme on en met (toujours par respect) autour des tombeaux ? Vous figurez-vous les *tra-la-la* qu'il y aurait dans les familles au moindre livre, au moindre article, à la moindre phrase qu'on publierait sur un homme qui ne s'est peut-être pas respecté lui-même tout le temps qu'il a vécu, et que nous voici tenus de respecter, à présent qu'il n'est plus, et *par cette seule raison qu'il n'est plus* et qu'il a des parents pieux qui ont la piété intéressée du nom qu'ils portent ?... Alors, c'en serait fait à jamais de l'Examen qui va courageusement au fond, de la Critique et de l'Histoire ! Au seizième siècle, la jalousie italienne avait inventé, contre l'infidélité de la femme, une lâche petite précaution d'acier, qu'on appelait *ceinture de chasteté*, mais nous aurions un bien autre chef-d'œuvre, non plus contre l'infidélité, mais contre la fidélité de l'Histoire, ce serait la *ceinture du respect des morts !*

En la bouclant là-dedans, on l'y étranglerait, l'Histoire !

III

Et ne dites pas que je prends la chose de trop haut. Ne dites pas que j'exagère et que je fais, comme le dieu tonnant de Desbarreaux, beaucoup de bruit, non pas pour une omelette, mais pour un seul malheureux œuf cassé, par un des moulinets du grand bâtonniste Rochefort, dans le poulailler des Dupin ! Le cri de lamentin jeté aujourd'hui par ce parent pieux, qui se révèle du fond des roseaux de son obscurité, n'est pour nous que comique. C'est peut-être plus encore, même, le bonheur de dire qu'on s'appelle Dupin (on fait bonheur de tout), que la piété du parent, qui l'a poussé, ce petit cri en l'honneur du vieux crocodile, de ce vieux *fort en gueule*, pour lequel on vient demander des ménagements de parole après sa mort, quand il en gardait si peu, lui, de son vivant, avec personne ! Nous en aurions souri et nous serions passé ; mais nous savons la puissance des thèses sentimentales sur les sociétés qui manquent de virilité. Le respect des morts, cette jocrisserie mélancolique, s'est levé tout droit devant nous. Nous avons vu là un double danger. Le danger d'une idée bête qui peut s'implanter si vite dans les mœurs; puis, le danger de l'attendrissement, qui ferait passer, haut le chapeau, les plus risibles bêtises... Dans un siècle amolli, nerveux, corrompu, femme et *comédien*, rien de plus canaille que les larmes !

LE JOURNALISME

---

14 *novembre* 1867.

I

Il est dans un état affreux. Hier, Ranc, ce talent mâle et ferme, Ranc, qui n'est encore que stoïque, mais que j'aimerais mieux chrétien, a prononcé sur ce qui se passe parmi nous, — car, malheureusement, nous sommes tous solidaires, — des paroles noblement tristes, et dont la tristesse faisait même la sévérité. Aujourd'hui, il faut y revenir, et, demain peut-être faudra-t-il y revenir encore, car la patrie est en danger ; la patrie de tout ce qui a une plume et veut la maintenir haute ! Le journalisme se perd, s'abolit, se meurt dans une mare... d'injures, de voies de fait, de provocations, qui nous font ressembler à des Américains, moins la gravité et la logique, — moins les revolvers !

Rien d'égal à ce qui vient de se passer ne s'était vu. Le journalisme, qui pouvait tout s'il l'avait voulu ; le journalisme, ce Warwick sans épée qui aurait fait des rois et qui aurait été plus puissant que les gouvernements qu'il aurait faits, car il eût été le roi de l'opinion, et qui, sans être roi, a perdu la tête, comme s'il en était un ; le journalisme, qui n'a rien compris à rien et qui a abusé de tout, descend depuis des années les marches du grand escalier qui conduit à l'abîme,— et nous les comptions une à une,— mais, depuis quelque temps il ne les descend pas même quatre à quatre : il se vautre et roule à travers !

C'est quelque chose d'inexprimablement triste et d'inexprimablement odieux, et contre quoi il faut réagir avec énergie pour peu qu'on ait de la fierté,— je ne dis pas même dans le cœur, mais seulement dans la pensée, — pour peu qu'on ait seulement la main blanche, et que l'on tienne à la blancheur de sa main !

Oui, il faut réagir ou nous sommes perdus ! Nous sommes déshonorés et ridicules, et le bourgeois qui nous regarde aura le droit de nous mépriser !

II

Est-ce le commencement de la fin ? Voilà tout à l'heure six mois que cela dure, en prenant chaque jour des proportions plus intolérablement agrandies. Mais il y a plus de six mois que le mal s'est produit et que le journalisme s'est mis sur ce fumier de la personnalité et de l'injure... qu'il s'y est mis ? Non ! On l'y a mis. C'est bien plus honteux. Et qui l'y a mis ? Deux ou trois personnes, esprits faux, les unes entraînées par les autres, maquignons spéculant sur l'abjection générale des esprits... Je pourrais les nommer. Je ne les nommerai pas. Je ne les imiterai point dans leurs polémiques sans idées, eux qui ont besoin des noms propres pour se faire lire et qui ont fait de leur journal une loge de portière et un bazar de cancans !

Ah ! Ranc s'est trompé ! Ce n'est pas, comme il le disait avec une bouche qui a bien le droit d'être amère, ce ne sont pas ceux-là qu'il appelle « les ennemis de la liberté » et qui ont inventé la signature au bas des articles ; ce ne sont pas ceux-là qui ont fait du journalisme la chose immonde qu'il est devenu, même spirituellement, car l'esprit, de première nécessité en France, a été remplacé sur toute la ligne par cette blague (il faut bien dire le mot) qu'un homme, le premier venu, trouve toujours au fond d'un verre d'absinthe ou de deux ! A présent, si l'on voit encore une étincelle d'esprit briller à travers les bêtises ternes qui envahissent les journaux, c'est que l'esprit était bien fort dans celui qui a fait briller l'étincelle, puisqu'il n'a pu s'empêcher d'en avoir ! Oui, deux à trois personnes seules ont trouvé joli et avantageux — piécettement parlant — de descendre jusque-là le journalisme, et cela a suffi, deux à trois personnes, et, derrière elles, tout le *servum pecus* des imitateurs, tous les moutons de Dindenaut, les bêtes les plus fécondes de France qui, par année, mettent bas... on ne sait plus combien de fois !

III

Deux à trois personnes ! Il ne faut pas davantage pour pourrir tout un monde. Douze apôtres culbutèrent le monde païen, mais les apôtres ont, ci-bas, de bien burlesques et de bien insolentes caricatures. Quelques hommes — pas plus —

prennent une attitude, sans autorité d'aucune sorte; ils affectent un certain ton, et ils réussissent, parce que le ton est mauvais et peut-être parce qu'il est nouveau. Et le ton devient général — il devient un genre. On l'a, comme on fume des londrès. D'autres hommes qui, certes, ont bien assez d'esprit pour résister à ces influences et pour s'en moquer, y cèdent pourtant et se laissent enrégimenter dans un journalisme indigne d'eux et de leur talent, qui pouvait devenir supérieur ! dans un journalisme qui tient l'art et la littérature absolument pour rien; qui dit avec la bonhomie de Turcaret à l'homme qui respecte sa pensée et veut l'exprimer tout entière [1] : « Moins vous me ferez de copie, plus je vous paierai ! » et qui, pour remplacer la littérature et toutes les choses de l'intelligence, dont on se soucie comme de ça, ne veut plus que deux choses, sur lesquelles il va tourner désormais incessamment, le journalisme, comme une dinde à la broche : — le *ricanement* et le *renseignement*, — ces deux superbes inventions !

Pour le *renseignement*, ils se croient Fouché, le ministre de la police qui savait tout; et pour le *ricanement*, ils se croient Candide, et, le diable m'emporte, peut-être Méphistophélès !

1. Historique.

IV

Ah! si leur ricanement était le bon rire, le bon rire, ce Français aimable, et qui, quoique aimable, sait être cruel quand il faut l'être, et qui montre avec tant d'éclat ses trente-deux dents charmantes et terribles, entre lesquelles il emporte, ma foi! le morceau! Ah! si c'était le rire qui est gai, qui est éclatant, qui est sonore, qui est la musique de l'esprit, sa guitare, sa fanfare et son tintamarre, eh bien! on leur passerait le rire, on le leur passerait jusqu'à l'abus, on le leur passerait inextinguible, quoiqu'il y ait une heure pour les choses graves, et que nul cerveau et que nul cœur ne soient dispensés du sérieux, dans cette vie qui n'est une farce que pour les farceurs! Mais ce n'est pas le rire, c'est le ricanement imité de Voltaire, quand il rit comme un singe qui a la colique. Entre le rire et le ricanement, il y a autant de différence qu'entre la gaieté d'un bon enfant, d'enfant un peu fou, et l'insolence du mauvais garçon révolté et comprimé, qui se moque entre dents de son père; car le propre du ricanement, c'est de s'attacher aux choses sacrées! On ricane des grands sentiments de la vie, de la piété, de l'enthousiasme, de l'héroïsme, du dévouement à la patrie ; mais on n'en rit pas, — et cela ne s'appelle plus rire que d'en ricaner !

Et, non-seulement, ils ont ricané parce que cela leur semblait supérieur, ce ricanement, qui ne donne jamais de raison de sa ricanerie, et qui répète, comme le Marquis, éternellement : *tarte à la crème !* ils ont ricané, parce que c'était insolent, vexant, et dépaysant et terrifiant pour le bourgeois, qui s'abonne d'autant plus qu'on se moque de lui et qu'on le traite par-dessous la jambe ; parce que c'était là un moyen de cacher le vide de leurs idées, de leurs connaissances, de leurs sentiments ; parce que le ricanement est l'impertinence suprême de la nullité ; mais ils n'ont pas uniquement ricané, ils ont élevé le ricanement à la hauteur d'une théorie ! Ils ont été les doctrinaires du ricanement ! Ils n'ont plus — de parti pris — fait autre chose que de ricaner. Leur phrase a été le même ricanement et, dans ce pays de la légèreté, cela n'a pas paru monotone ! Leur talent s'est borné (théorie bien simple !) à parler en riant des choses lugubres, et sérieusement des choses bouffonnes. Ils ont parlé de palais comme si c'était de viles chaumières, et de chaumières comme si c'était de splendides palais ! Mécanique peu compliquée et qu'on a vue déjà dans les vaudevilles ! Et c'est en ce double timbre qui va et vient, c'est en cette cliquette, que se sont changées les plus mordantes castagnettes d'airain que j'aie entendues retentir, quand elles sonnèrent pour la première fois cette cachucha d'ironie cruelle qu'elles firent danser aux imbéciles, et dont le virtuose qui en joue, s'il n'avait pas son habile main prise dans un journalisme de conception fausse, aurait multiplié les airs !

V

Mais le ricanement — quand ce serait celui du diable en personne — ne peut pas tout seul faire un journal, et voilà, pour bâcler la chose, pourquoi on donna au ricanement le renseignement pour compagnon. Le renseignement, oh! la littérature du renseignement, comme disaient ces inventeurs sans littérature! Mais quelle espèce donc de renseignement, s'il vous plaît?... Je lis dans ce moment la dernière correspondance de Victor Jacquemont, publiée par Lévy, et j'y trouve beaucoup de renseignements sur les Indes, Rundjet-Singh, les Sikes, la Compagnie anglaise. Sont-ce ces sortes de renseignements que vous nous donnez?... Ah! bien, oui, la science, les voyages, les livres, qui sont surtout (quoi qu'ils contiennent) des renseignements! Pourquoi tomberaient-ils dans cette *boîte aux lettres* de tout le monde, dans cette gueule de la dénonciation universelle, qui ne devrait pas avoir la forme d'une gueule de lion, comme à Venise, mais d'une oreille ouverte, — mais pas de lion! Non, le renseignement qu'on met là-dedans n'est pas cela. C'est le petit renseignement! le renseignement insignifiant ou bête, ou même faux, quelquefois infect, le renseignement quelconque, pour peu que cela ait nez ou même ombre de renseignement! Le renseignement enfin qui vient par tout le monde, par le laquais, par le perruquier, par la concierge, et qu'on prendrait même du mouchard si le mouchard voulait vendre les renseignements qu'il pourrait donner [1]. Ne s'agit-il pas de prouver qu'on veut avoir à tout prix du renseignement?...

Ah! la beauté et l'intérêt du renseignement! Et les gens qui criblent cette poussière (j'aimerais mieux pour mon compte être employé à ramasser les grains de tabac dans les manufactures) bouchent tout à l'idée, au talent, à tout ce qui serait l'honneur d'un journal, et en faisait autrefois la vie! Dans cette fringale comique, et en même temps

---

1. Il y en a.

lamentable du renseignement, quelquefois ils s'en viennent vous prendre sur les lèvres les mots spirituels ou drôles que vous pouvez dire, pour les citer, ces mots, pour faire une ligne avec, — et ils vous les gâtent ! Ces renseigneurs sont des gâteux de mots ! En vérité, c'est à leur dire, si on y tenait : « Laissez mes mots tranquilles. Ne leur mettez pas de bosses... Si vous en avez besoin, j'aimerais mieux vous en envoyer !... » Mais pour revenir au renseignement, s'il était sûr et vrai du moins ! Mais, pas même cela. Le lendemain, un démenti casse votre renseignement en quatre ! On donne un démenti au renseignement ! Le premier venu intervient à juste titre, et, sans se gêner, vous prie de vous taire, et on vous en prierait bien plus souvent encore, si des esprits fiers, qui savent comment vous avez fait la presse à votre image, ne laissaient passer indifféremment toutes les écumes de ce flot bavard ! Cependant un beau jour les gouvernements, qui ne partagent pas cette indifférence, font pleuvoir les *communiqués*. C'est égal. On se dit : « Cela nous donne un petit air d'indépendance. L'abonné prend la vérité entre le *communiqué* et notre renseignement, et cela lui en fait un troisième ! » Enfin, si quelquefois (et c'est le plus beau !), le renseignement est une histoire, longuement et bravement *blaguée,* et si elle est vraiment trop forte pour passer, on dit le lendemain : « L'histoire d'hier était un conte. » Il faut bien que les *rois s'amusent*. Le *roi* du journal *s'amusait*.

VI

Et tout cela, comme dirait notre père Rabelais, n'est que méprisablement joyeux ou joyeusement méprisable ; mais voici, ô Ranc ! l'épouvantable après le comique ! A force de vouloir faire du renseignement, la chose, indiscrète d'abord, devient laide. On prend partout le renseignement ! On va le chercher n'importe où ! On écoute aux portes de la vie privée. Cette vie, qu'on dit murée, on fait un grand trou ou un petit trou dans son mur. Alors ces indiscrétions menaçantes, ces percements de l'isthme... des secrets, engendrent, tout à coup, un horrible jour, des polémiques sans nom, des fureurs de personnalité blessée ? L'injure se met à pleuvoir comme les *communiqués,* et atteint tout de l'effroyable rayonnement de ses éclaboussures ! Il ne s'agit plus d'épigrammes, de critique, de formes littéraires, de formes quelconques ! Il ne s'agit plus d'esprit du tout, il s'agit de *s'engueuler* comme des lessivières au lavoir et comme des charretiers au cul de leurs charrettes ! Pour écrire ces injures-là, il n'est pas même besoin de savoir l'orthographe : le correcteur d'épreuves la mettrait! Et comme, au fond, si troublé qu'on soit, on sent profondément de tout cela la salissante ignominie, on se jette, pour en finir, sur l'épée, cette pauvre épée qu'on insulte aux mains héroïques du soldat, et qui ennoblit ce qu'elle touche sur la poitrine de ces ingrats! Et le spectacle, hélas! est donné, de ces maudites et exécrables choses, qui vont continuer si les esprits élevés du journalisme, — car il y en a peut-être encore, — ne se coalisent pas d'opinion contre ces combats de gladiateurs dont les bourgeois sont les empereurs augustes et qu'on donne à leurs Majestés imbéciles ; — si ces esprits élevés ne sont pas tous absolument résolus de s'opposer à ces luttes ignobles et stupides, qui commencent à *la harengère* et veulent finir (ô démocrates inconséquents!) *à la gentilhomme !* et s'ils ne prennent pas l'initiative d'une loi quelconque dont même le premier article, s'il était ainsi rédigé, je crois, suffirait :

« Tout mot, quel qu'il soit, ne sera jamais considéré comme une injure, s'il n'est, avant tout, spirituel. »

VII

Comme cela, Ranc, nous aurions la paix!

LES LAURÉATS D'ACADÉMIE

Jeudi, 27 décembre 1866.

I

L'Historiographe des Ridicules contemporains ne peut pas oublier l'événement littéraire de la semaine dernière. L'Académie a distribué ses prix annuels, et Paris, une fois de plus, a pu voir la grotesque cérémonie, à laquelle, comme tradition, je préfère de beaucoup, pour mon compte particulier, le ballet des matassins dans M. de Pourceaugnac, ou le divertissement du *Malade imaginaire*, mais à laquelle pourtant assiste ponctuellement, avec la badauderie toujours prête à tous les spectacles, un public plus grotesque encore que les Figurants!

Ils ont donc procédé, les quarante archevêques

de Reims de la littérature, qui sacrent le génie français, sans Sainte Ampoule et sans Ange pour la leur apporter, au couronnement de trois poètes, dans leur petite cathédrale du Palais Mazarin : MM. Manuel, Siméon Pécontal et Mérat — et, comme toujours, ils ont montré, ces bénisseurs, le tact élevé qui les distingue et l'impartialité de ces décisions qui les honorent et qui tient, d'ordinaire, moins compte du mérite des gens que de leurs relations !

M. Manuel, — qui vient le premier dans les faveurs de l'Académie, — est un professeur, et personne pour cette raison ne s'est étonné qu'il vînt le premier. L'Académie, cette botte d'asperges montées de l'Ecole normale, a l'amour de son origine. Les professeurs de l'Université y trouvent leurs petits Invalides, et tous ces vieux Narcisse casse-noisettes qui s'adorent, aiment à se mirer dans les jeunes visages — ce sont leurs ruisseaux — des jeunes professeurs, qui, en attendant d'être académiciens, aspirent modestement à être lauréats. C'était M. Patin, dont le visage a remplacé celui de M. Villemain, la semaine derrière, qui s'est miré dans le visage de M. Manuel et qui s'est reconnu ! M. Manuel, professeur-poète, auteur de petits vers, comme Oronte, mais de petits vers de professeur qui a du goût, comme ils disent dans leurs *schiboleths* de Mandarins ! Les vers de M. Manuel sont lissés, vernissés, brossés, époussetés, faits en français comme on fait de jolis vers en latin, pour le Concours Général, avec le même procédé de limage et de *gradus*, des vers de pédant cultivé, mais qui veut avoir du sentiment tout comme un autre, et son petit bout d'âme à exhiber, sans inconvénient pour les mœurs et la gravité de son état, avec les femmes de sa société qui aiment la mélancolie ! Un tel homme et de pareils vers devaient passer nécessairement avant M. Siméon Pécontal, qui n'a pas, lui, la bonne fortune d'être professeur, et d'avoir sa niche au *Journal des Débats* et à la *Revue des Deux Mondes*.

Dans un temps où les choses les plus vite dites sont les meilleures, M. Siméon Pécontal a eu le courage de faire un poème de plusieurs milliers de vers, et il a cru, ô l'honnête homme ! que l'Académie le lirait d'un bout à l'autre pour le juger. Auteur d'un recueil de *Ballades* dont il eût vraiment un jour le naïf et le frais génie, M. Siméon Pécontal a osé — et j'aime cette audace — écrire, en ce vil temps de prose, un poème digne de s'appeler *Kosmos*, comme le livre de Humboldt. Il a repris l'idée d'André Chénier, qui devait nous donner un *Hermès* auquel la guillotine de la place de la Révolution trancha la tête, mais il l'a reprise comme on pouvait la reprendre au xixe siècle : pour la première fois, la science de nos jours a trouvé son truchement poétique. L'univers, qu'embrasse la muse de M. Siméon Pécontal, non pas avec les griffes de la Chimère, mais avec les mains placides de la Réalité, est décrit à beaucoup de places dans ce poème, moderne d'inspiration, de pensée, de facture, mais dont la *forme d'ensemble* est entachée de vieillesse et de préjugé, malgré l'art qu'emploie l'auteur pour la rajeunir. En effet, après *Child-Harold*, ce poème cosmopolite aussi, quoique d'une ambition moins haute que la *Divine Odyssée* (titre terrible dont tous les esprits peureux feront repentir M. Pécontal), il n'est guère plus permis de se promener avec une Muse par les airs. La Muse avec laquelle M. Pécontal monte en char-à-bancs aérien ne suffit pas. Une si vieille fiction, M. Pécontal qui est un homme d'esprit, quoiqu'il croie à l'Académie, ne l'a peut-être *machinée* que pour plaire à la vieille Lady, mais cette galanterie ne lui a servi à rien du tout. Elle ne l'a nommé que le second, lui qui aurait dû être le premier.

Quant à M. Mérat, est-ce le Parnassien? Je le voudrais. J'ai prédit que les Parnassiens seraient un jour de l'Académie; j'ai dit que c'est de ce bois qu'on faisait des flûtes... En attendant la flûte, voici déjà M. Mérat... flageolet!

II

Mais, laissons ces lauréats d'hier et parlons des lauréats quelconques, de ces hommes qui, même avec du talent, recherchent ce titre de lauréat de l'Académie française.

L'Académie française, qui manque à son règlement toutes les fois qu'elle reçoit individuellement les visites de ceux qui désirent entrer dans son sein, — je demande bien pardon aux femmes de me servir d'un mot qui rappelle une des plus charmantes parties d'elles-mêmes, pour dire : le giron de l'Académie, — l'Académie française règne assez despotiquement sur la littérature et sur l'opinion, encore plus bête sur ce point que la littérature, pour, dans la distribution de ses prix, n'avoir pas à se préoccuper du mérite littéraire des concurrents, mais de ses convenances particulières, politiques, religieuses, sociales, protectrices et camaradesques. Elle admet sultanesquement les gens qui lui plaisent, et par la seule raison qu'ils lui plaisent, et personne n'a rien à voir à cela ! Un jour, elle a couronné des femmes chez lesquelles elle allait, dans la personne de deux ou trois vieux roquentins amoureux [1]. Ce jour-là, elle était galante et tendre... Mais ce n'était point là de la littérature. Un autre jour, devenue philanthropique, elle couronnait de petites misères avec des prix fondés dans un but de récompense littéraire et non de gratification ; et l'opinion, presque touchée, acceptait ces façons d'agir. Le gouvernement du *bon plaisir*, qu'on ne permet plus à tous ces pauvres princes, que j'aime, moi, quand ils ont de la tête (ce qui ne me compromet pas beaucoup), on le passe à l'Académie française, ce despotisme à quarante perruques, cette impertinence organisée qui dure depuis trop longtemps, et justement parce qu'elle est une impertinence !

III

C'est un caractère de ce pays, si prompt au point d'honneur pourtant, de se laisser énormément imposer par l'impertinence. On se laisse toujours imposer par ce qu'on aime, et l'impertinence, c'est la maîtresse de l'esprit français ! Dans le monde et dans les comédies, qui ont pour prétention de le

---

1. Madame Collet.

reproduire, voyez si les airs impertinents ne sont pas toujours les beaux airs, les airs vainqueurs ! L'impertinence du Français, comme on dit en Europe, est peut-être pour les trois quarts de son amabilité, et, en matière de femmes, de sa puissance de conquêtes... Il est même des succès qu'on ne peut expliquer que par là... celui de Talleyrand, par exemple, de Talleyrand, cette mystification de soixante ans ! Que de gens d'esprit, depuis Mme de Staël jusqu'à M. Thiers et aux bourgeoises ébahies de la cour de Louis-Philippe, ont pris pour une tête de génie cette tête creuse et éventée, parce qu'elle était impertinemment posée sur une cravate blanche, à trente-six tours. Et l'Empereur lui-même fut la dupe, et presque la victime, des airs que prenait cette tête-là, dans son plat de batiste empesée. Or, s'il en est ainsi en France quand il s'agit seulement d'un homme, si l'impertinence y a ce prestige, demandez-vous ce qu'elle doit être, quand de chose individuelle, devenue collective, elle passe à l'état d'institution ?... Eh bien ! c'est là l'histoire de l'Académie, cette impertinence organisée par Son Éminence le Cardinal de Richelieu ! La fatuité des hommes politiques a toujours été de tout organiser, et, comme Charles Fourier, même l'imprévu. Le Trissotin rouge qui était un grand homme, mais qui n'en était pas moins un Trissotin, crut qu'on pouvait organiser l'esprit, cette flamme ! Comme si on pouvait organiser le feu! Et, sous ce prétexte, il fonda l'Académie Française sans se douter que c'était, pour plus tard, un grand éteignoir qu'il fondait. Il avait ses raisons du reste, et ses raisons n'étaient pas du Trissotin, mais du Richelieu. Il ne voyait que secondairement l'intérêt des lettres. Que faisait l'intérêt des lettres au jaloux de Corneille ?... Mais, dans cette fondation d'Académie, il voyait avant tout l'intérêt de la royauté.

Prendre les quarante hommes réputés les plus spirituels de France et en faire, au prix d'un fauteuil et de quelques salamalecs, les très humbles et très obéissants serviteurs du Roi, et des gens plus à lui que les chantres et les violons de sa Chapelle, cela pouvait être un assez bon coup de politique, appliqué sur la caboche de l'opinion! Les Quarante Académiciens valurent plus à la royauté de Louis XIV que les Quarante-cinq à la royauté de Henri III. Mais l'esprit est incoercible. Comprimé un instant, discipliné, apprivoisé, voilà que tout à coup il se relève et s'échappe! Après Richelieu et Louis XIV, la Royauté, devenue Fainéante, laissa faire les Académiciens, qui, comme *l'ami Pompignan*, pensant être *quelque chose*, s'émancipèrent, et, de serviteurs du Roi qu'ils étaient et qu'ils auraient dû toujours rester, devinrent littérairement des roitelets pour leur propre compte. L'Académie, cette manufacture de flatteries, se constitua un pouvoir de plus dans l'État. Les années passèrent. D'honnêtes imbéciles, qui voulaient, sans avoir rien fait, qu'on parlât d'eux après leur mort, firent un budget, en fondant des prix, et lui créèrent une importance morale en chargeant l'Académie Française, prise par ses deux anses, — l'intérêt et la vanité — de décerner ces prix... Comme la Royauté d'Angleterre, cette Royauté de France eut ses Lauréats. Elle tint boutique de laurier. Elle en porta au collet de son uniforme. Elle eut une épée. Était-ce parce que les Rois doivent porter l'épée ou que les courtisans la portaient autrefois ? Enfin, l'Académie fut tout ce que, pour le moment, elle est encore, excepté pourtant qu'elle eut peut-être sa raison d'exister, comme tant de choses qui finissent, mais qu'à présent elle n'a plus.

Elle n'est plus que la superfétation d'un vieil état de choses, auquel le temps et les mœurs ont apporté des changements invincibles. L'Académie, quand tout est parti de l'ancien Régime, est comme un paquet qu'on a oublié d'emporter... Lorsque l'Individualité s'est de partout si puissamment et si grandement développée ; lorsque, de l'aveu de tout ce qui pense, l'originalité a été reconnue comme la meilleure marque de la force et le signe le plus certain du génie, cela n'est-il pas un anachronisme impertinent que de voir ces quarante Messieurs à privilèges agir, comme souverains, dans la sphère libre de l'esprit et y distribuer... des couronnes, — des couronnes dont personne ne voudrait peut-être, — car nous sommes devenus grossiers, — si on ne dorait pas de quelques écus le retroussis du laurier ? Chez un peuple viril, en possession de sa pleine maturité, cet enfantillage solennel des Concours académiques ne serait qu'un spectacle sottement et prétentieusement puéril ; mais ce qui est insupportable, c'est qu'il y ait, dans l'opinion d'un peuple moqueur, *qui rit mais qui paye*,— qui rit, mais qui souffre et même salue ce dont il rit, je ne sais quel respect traditionnel, attardé et curieux, pour cette institution décrépite, qui ne doit plus qu'à son impertinence d'exister ?... La vanité, en France, comprend si bien la vanité, que ces Quarante Vaniteux, qui se croient le gouvernement de l'esprit français, excitent encore des sympathies parmi les âmes analogues, jalouses de leur titre et de leur fauteuil ! Et cependant, quand on fait des révolutions à tire-larigot contre toutes les oligarchies et les aristocraties, il faut être *bon garçon*, n'est-ce pas ? pour accepter la dernière de toutes, qui a hérité (écoutez-les, ces jaboteurs !) des fatuités de toutes les autres ! Inconséquence sans explication.

Inutile, quant aux œuvres qu'elle couronne et qu'elle ne fait pas naître, — on les publierait tout de même, quand elle n'existerait pas ;— rapetissante souvent, car des hommes entrés grands à l'Académie s'y sont rapetissés en s'y asseyant; — devenue, — par le fait de toute corporation, qui, en peu de temps, n'est plus qu'une boîte à préjugés, — d'une coupole pour les idées, un éteignoir, l'Académie française, cette loupe littéraire, qu'il est temps d'opérer sur la tête de la France, doit disparaître dans un avenir prochain, comme le carnaval, qui s'en va chaque jour un peu plus et qui était plus gai ! Et l'un des symptômes, c'est l'indifférence qu'ont montrée tous les journaux pour cette dernière séance, dont ils ont à peine parlé. Seulement, je voudrais pour mon compte rapprocher cet avenir que je souhaite. J'en ai assez, et vous ? de ces Gérontes et de ces Archontes. Je trouve qu'il est temps d'en finir avec ces habits verdâtres, ces perruques verdâtres, ces esprits verdâtres, qui croient représenter le génie français et qui n'en représentent que le cadavre ; et l'Haussmann résolu qui donnerait le dernier coup de pioche à cette vieille baraque, ma parole d'honneur, je l'aimerais.

LES BLAGUEURS EN LITTÉRATURE

Dimanche, 8 octobre 1882.

I

Ils sont là un tas! et menacent d'être bientôt partout! car la *Blague* — cette chose qui n'est pas plus française que son nom et qui a remplacé l'esprit français, — aura dans peu l'ubiquité que l'esprit français eut autrefois. A l'esprit de tout ce qui avait autrefois de l'esprit en France, — à l'esprit de Voltaire, de Rivarol, de Chamfort et de Beaumarchais,— à l'esprit du Prince de Ligne, qui n'était pas Français mais qui méritait dix fois de l'être, — à l'esprit du grand Balzac, quand son génie condescendait à n'avoir que de l'esprit, — à l'esprit de Henri Heine, ce Prussien de France qui s'est si joliment moqué des Prussiens de Prusse, —

à l'esprit de Léon Gozlan, qu'on ne connaît guère plus, celui-là! qu'on ne lit plus et qu'on ne recherche que quand on aime l'esprit pour ses beaux yeux seuls, — Léon Gozlan, ce diamant perdu, engouffré dans l'écrin de la Gloire — cette grande fille bête, entretenue par les imbéciles et qui — comme disait Stendhal, — préfère les strass aux diamants quand ils sont plus gros — à tout cet esprit-là, a succédé l'esprit des blagueurs, en journalisme et en littérature...

Ah! il ne faut jamais regarder à ses successeurs! C'est eux, les blagueurs, qui se donnent et qu'on prend maintenant pour les gens d'esprit d'un siècle qui, hélas! n'en a plus! Certes, je ne veux pas être injuste... Ce siècle, vanté par ceux qui en sont, a, je le reconnais, bien des choses encore qui ornent sa décrépitude. Il a, dans les livres et les journaux qu'il publie, du talent, grand parfois, des facultés, de 'observation et de l'imagination surtout, dame! devenue un peu grossière, l'imagination, depuis qu'elle a pris les latrines du Naturalisme contemporain pour son boudoir... Il a enfin, malgré tout, ce siècle, des choses de race, restées dans cette race spirituelle qui se meurt... mais de l'esprit, de ce *qu'on appelle de l'esprit*, non! De l'esprit qui fut la gloire, — une des gloires spéciales de la France, — de l'esprit qu'on voulait imiter en Europe comme les jardins de Louis XIV, — mais sans jamais réussir,

— de l'esprit, enfin, ayant ce don de tact et de grâce qui distinguait l'esprit français jusque dans ses plaisanteries les plus cruelles, — car l'alouette joyeuse des Gaules avait, quand il le fallait, le terrible bec croisé du faucon, — de ce genre d'esprit-là, — faites-en votre deuil, vous qui l'aimez! — il n'y en a plus!

A sa place, nous avons la Blague, — la Blague aimée de Villemessant, qui disait d'elle : « *Elle est bien bonne* », et d'Offenbach, cet autre blagueur en musique; Villemessant et Offenbach, — les deux dépravateurs, l'un en journalisme, l'autre en théâtre! C'est eux qui nous ont corrompus. C'est eux qui ont fait de nous des blagueurs! La Blague! ils ne l'ont pas créée. Les deux auteurs des *Saltimbanques* et Frédérick-Lemaître, ce saltimbanque sublime, y sont pour plus qu'eux; mais eux, ils ont étendu sur les choses de leur temps cette ignoble gouaillerie, devenue populaire... La Blague, l'odieuse Blague, en effet, n'est pas même la caricature. La caricature, c'est l'outrance d'une vérité, d'une vérité déformée et outragée, mais cependant visible encore. La caricature, c'est le crapaud cherché et retrouvé, par un art retors et humiliant, dans le pur profil d'Apollon (il paraîtrait qu'il y est, le monstre!). Mais la Blague se soucie bien de la vérité! C'est le mensonge organisé, *histoire de rire!* Basse *histoire de rire*, et d'avilir quelqu'un ou quelque chose, en riant! La Blague, qui se croit très plaisante, n'a jamais eu l'éclair divin de la plaisanterie et le coup de foudre instantané qui frappe juste et atteint à fond... Elle n'atteint, elle, que les moulins qu'elle a bâtis! Elle n'est, en somme, qu'une pesante bouffonnerie obèse, qui étale son gros ventre insolent, tout en tapant familièrement et impertinemment sur le vôtre. Portraitiste à prétention, qui diffame ceux qu'elle se mêle de peindre, et qui se barbouille et s'escarbouille dans la potée de vermillon de sa peinturlure, qu'avale l'ignorance de la Badauderie, qui avale tout avec ses gros yeux...

II

Et l'affreuse drôlerie de cette Blague, les délices du moment! et qui est passée maintenant à l'état de procédé parmi les amuseurs du journalisme qui n'amusent pas, est honteusement à la portée de tous les esprits, quels qu'ils soient, les plus médiocres et les plus vulgaires. Tous peuvent se donner l'inepte joie de souffler, pour la gonfler, dans cette vessie vide. Tous peuvent se vautrer, en pétaradant comme un âne dans l'herbe d'un pré, en ces *craques* énormes, renouvelées de Cyrano de Bergerac, du *Menteur* de Corneille et de *Monsieur de Crac dans son petit château,* appliquées, sans observation et tout de travers, à une chose ou à une personne contemporaine ; car les blagueurs modernes n'inventent rien, ni dans leur manière de mentir ni dans leur manière de plaisanter. Ces aimables farceurs se servent du moule de vieilles bourdes connues, dans lequel ils fourrent leur propre sottise, et c'est ainsi qu'ils se font neufs! Gavroches hyperboliques de ce temps exigu, ils ont, ces pauvres petits Poucets, voulu ôter ses bottes à cet ogre de Rabelais pour introduire leurs grêles jambes de jockey anglais dans ces vastes bottes que Rabelais, s'il revenait au monde, leur mettrait certainement au derrière !... Mais ce n'est pas simple gaminerie. Ce sont des hommes que les blagueurs du temps ! Le ridicule de leur blague n'est pas seulement (ne le croyez pas !) le ridicule triomphant d'une époque sans originalité, sans enthousiasme, sans délicatesse, et où la bonne compagnie se fait de plus en plus rare... Oh! si ce n'était que cela! mais c'est bien plus que cela! Non, présentement, ce ridicule en fleur a sa racine dans un vice, — aussi du temps et qui l'empoisonne, — le vice égalitaire de l'envie, qui rabaisse toujours ce qu'elle jalouse, tout en se cachant dans l'hypocrite innocence de ces grosses bouffonneries — si grosses qu'on ne peut s'en fâcher! Ce serait un ridicule de plus!

Du moins, aux beaux temps de l'esprit et de la plaisanterie française, l'épigramme, qu'on ne délayait pas en quatre colonnes de feuilleton, avait deux qualités premières : la justesse et la netteté. Elle allait droit, sans broncher, à l'amour-propre d'un homme, et lui appliquait bravement son cinglon. Elle ne s'entortillait pas dans les exagérations infinies et grotesques d'une blague qui empêchent d'enfoncer le trait dans la vanité de celui contre qui on se la permet... Mais à présent, la pauvre et charmante épigramme de l'esprit français s'est dissoute dans une ironie sans inconvénient pour personne, car on peut toujours nier ou retourner sens dessus dessous une ironie, et j'ai vu même l'amitié s'en servir. — « Pourquoi te plains-tu ? » — disait tendrement un ami blagueur à un ami blagué. — « Il n'y a pas de quoi! je blaguais! Tu n'as donc pas compris que c'était là une plaisanterie ? »

Car ils osent appeler leurs bourdes, sournoisement injurieuses, de ce joli nom de plaisanterie qu'ils déshonorent! Et ils ont raison. C'est la leur, en effet. Ils ne sont plus capables que de celle-là. C'est la seule qui leur reste, dans cette fin dégradée de l'esprit français. C'est la plaisanterie d'une époque qui n'a plus d'originalité, et même qui la hait, parce que chez un peuple qui *veut toutes les égalités*, l'originalité est une distinction qui insulte tout le monde. Plaisanterie d'un peuple qui fut léger, mais dont les mandibules se sont épaissies, et qui a pris sa manière de rire aux peuples à lourde mâchoire. La blague française, c'est le *Hoax* des Américains et des Anglais — des Anglais, dans le sérieux le premier peuple du monde, mais dans le rire, la fringance du rire, le dernier! C'est la plaisanterie d'un peuple naguère encore aristocratique et raffiné, mais qui a chuté, et s'est étendu tout de son long dans la mare aux canards de la démocratie, comme un ivrogne dans un égout. C'est la plaisanterie démocratisée, et qui tend de plus en plus à s'encanailler, comme le marbre de nos statues. Les démocraties ont leurs bouffons, actuellement, comme les monarchies ont eu les leurs, mais bouffons pour bouffons, j'aimerais mieux les Triboulets de la Royauté qui n'écrivaient pas, que les Triboulets de la Liberté qui écrivent, par ce temps de suffrage et de blague universels...

Ils le sont, en effet, l'un comme l'autre : suffrage universel, blague universelle. Tout le monde a le droit de blaguer comme de voter, et en use-t-on, de ce droit-là, dans le journalisme et la littérature!...
« Tu as craché sur moi », — dit l'amoureux de la Chanson Grecque, —« et toute la terre a été empoisonnée! » C'est ce que toute la terre peut maintenant chanter à la Blague! à cette fille évaporée et

irrespectueuse, qui ne croit à rien et se fiche de tout ! A l'heure présente, la Blague, cette Circé de nos piètres jours qui nous a empoisonnés avec des philtres canailles, et nous a changés, comme les compagnons d'Ulysse, en bêtes, *contentes de leur état*, n'est pas seulement la reine du monde, comme l'était l'opinion du temps de Pascal, elle en est l'ivresse. Même de nobles esprits ont été pris par cette ivresse et en ont partagé l'abject langage, mais ils auraient été plus nobles encore, s'ils y avaient résisté...

TABLE DES MATIÈRES

	Pages.
Préface.	1
La Comédie de la Critique	1
Les Photographies et les Biographies	15
Les Chats de la Critique	27
Les Chroniqués	39
Le Cabotinisme	51
Les Effacés	63
Les Chroniqueurs	55
Les Bas-Bleus	89
L'Abbé Sosie	101
Les Marchands de ruban	111
La Bêtise de la Littérature dramatique	121
Madame de Maquerelas-Major	133
La Littérature qui mange	145
Une Boîte aux giffles à Paris	157
L'Ère des Servantes	171

	Pages
Les Lâcheurs	181
Les Chevaliers de la Table Ronde au XIXe siècle	191
Et surtout pas d'ennui	205
Les petits ventres	217
La Littérature du Tabac	229
Les Conférences	241
Les Parents pieux	254
Le Journalisme	262
Les Lauréats d'Académie	274
Les Blagueurs en littérature	285

FIN DE LA TABLE

ACHEVÉ D'IMPRIMER
SUR LES PRESSES DE
CHARLES UNSINGER
le 20 Décembre 1882
POUR
ED. ROUVEYRE ET G. BLOND
LIBRAIRES-ÉDITEURS
A PARIS

www.ingramcontent.com/pod-product-compliance
Lightning Source LLC
Chambersburg PA
CBHW071141160426
43196CB00011B/1963